Kurt Tucholsky

Gedichte & Gedanken

Mit Zeichnungen von
Heinrich Zille

garant

Tucholsky, Kurt, * Berlin 1890, † Hindås (Schweden) 1935; verfasste als Mitarbeiter der „Weltbühne" scharfe politische und gesellschaftskritische Satiren. Er schrieb aber auch heiter beschwingte Lyrik und Erzählungen („Rheinsberg. Ein Bilderbuch für Verliebte", 1912; Schloss Gripsholm",1931). 1933 wurde er von den Nationalsozialisten ausgebürgert und beging im schwedischen Exil Selbstmord.

Zille, Heinrich, * Radeburg 1858, † Berlin 1929 wurde durch seine teils humoristsichen, teils satirischen Darstellungen aus dem Berliner „Milieu" (Milljöh) bekannt.

© 2010, **garant** Verlag GmbH, Benzstr. 56, 71272 Renningen
Alle Rechte vorbehalten.

Die Verwertung der Texte und Bilder, auch auszugsweise, ist ohne Zustimmung des Verlags urheberrechtswidrig und strafbar. Dies gilt auch für Vervielfältigungen, Übersetzungen, Mikroverfilmung und für die Verarbeitung mit elektronischen Systemen.

Trotz gründlicher Recherche der Texte kann keine Garantie für ihre originalgetreue Wiedergabe übernommen werden.

www.garant-verlag.de

Zeichnungen: Heinrich Zille

Herstellung und Organisation: Dr. Christian Zentner, München
Lektorat: Claudia Richter, München
Umschlaggestaltung und Layout: Petra Sarow, München

ISBN 978-3-86766-235-2

BLUMENTAG

Der dicke Bürger greift in seine Weste:
»Da nimm! mein Kind!« –
Er gibt den Sechser mit gerührter Geste –
die Träne rinnt! –

Das Auge tropft. Der dicke Bauch schlägt Wellen.
Er schenkte was!! – –
In solchen Patriotenrummelfällen
da tut er das!

Er sorgt für Veteranenpensionierung
von Stolz geschwellt –
Bei uns hat nämlich dafür die Regierung,
weiß Gott! kein Geld.

Denn sie muss eifrig auf die Roten fahnden –
sie darf nicht ruhn.
Sie muss politische Verbrechen ahnden –
sie hat zu tun –!!

Das leert vor allem andern ihre Kassen. –
Fürs Kriegerpack
da betteln sie derweil auf allen Gassen –
Kornblumentag . . .

Der Bürger denkt bei Tisch, nach süßen Torten
und blauem Aal,
(Hupp! stößt's ihm auf –): »Wie sind wir allerorten
christlich-sozial!« –

Rotundenzensur in Königsberg

Die hiesige Garnisonverwaltung –
(wir sind schon weit in der Kultur)
die brauchte zwecks Toilettegestaltung
Papier – und zwar Makulatur.

Doch darf kein Blatt von jener Sorte,
so roh, so rot und so verderbt
darunter sein –
An solchem Orte
kann man nie wissen, ob das färbt.

Ertappt man etwa die Rekruten,
und lesen sie solch ein Traktat,
und grad, wenn sie – Reveille tuten:
das wäre glatter Hochverrat!

Wir dürfen dieses nicht beklagen! –
... ›Kreuzzeitung‹ ... ›Post‹ – nun – weg ist weg!
Und sie erreichen sozusagen
den eigentlichen Bestimmungszweck.

Streikjustiz

Du siehst sie durchs Gefilde hupfen:
die Wangen angenehm verpudert,
frech, nicht mehr jung, und auch verludert,
verschminkt . . . zwei rosarote Tupfen . . .

Die Waage wackelt hin und her.
Das Schwert – mein Gott – es ist aus Pappe,
sie trägt es scherzhaft als Attrappe,
ein eisernes ist ihr zu schwer.

Sie richtet so! O ja – man sieht's!
die schwarzen, hohen Stöckelschuhe
zertrampeln alles – schaffen Ruhe.
So tänzelt Fräulein Streikjustiz.

Es raschelt des Talars Frou-Frou . . .
– »Du trugst doch früher eine Binde?«
– »Die hab ich noch! Dem, den ich finde,
schnür ich damit die Kehle zu!« –

Sexuelle Aufklärung

Tritt ein, mein Sohn, in dieses Varieté!
Die heiligen Hallen füllt ein lieblich Odium
von Rauchtabak, Parfums und Essbüffé.
Die blonde Emmy tänzelt auf das Podium,
der erste und der einzige Geiger schmiert ›Kollodium‹
auf seine Fiedel für das hohe C . . .
So blieb es, und so ist's seit dreißig Jahren –
drum ist dein alter Vater mit dir hergefahren.

Sieh jenes Mädchen! Erster Jugendblüte
leichtrosa Schimmer ziert das reizende Gesicht.
So war sie schon, als ich mich noch um sie bemühte,
und wahrlich: ich blamiert mich nicht!
Siehst du sie jetzt, wie sie voll Scham erglühte?
Was flüstert sie? »Det die de Motten kricht . . . !«
Wie klingt mir dieser Wahlspruch doch vertraut
aus jener Zeit, da ich den Referendar gebaut!

Sei mir gegrüßt, du meine Tugendlilie,
du altes Flitterkleid, du Tamburin!
Nimm du sie hin, mein Sohn – es bleibt in der Familie –
und lern bei ihr: es gibt nur ein Berlin!
Nun aber spitz die Ohren, denn gleich singt Ottilie
ihr Lieblingslied vom kleinen Zeppeliihn . . .
Kriegst du sie nicht, soll dich der Teufel holen!
Verhalt dich brav – und damit Gott befohlen!

SAISONBESCHLUSS

Nun reibt der Heldenvater sich mit Margarine
die Schminke aus dem fetten Doppelkinn,
und auch im Silberhaar die Heroine
legt alles ab und hin.

Verstaubt und leer steht nun der Kassenschalter;
sie schieben alle nacheinander ab:
das Personal und der Konkursverwalter
und Herr von Glasenapp.

Und es erheben sich so manche Fragen:
Da Hollaender nicht immer schweigen kann,
– der Speichel rinnt auch in den warmen Tagen –
wo lässt es dieser Mann?

Wovon soll der Gerichtsvollzieher leben?
Es bleibt nicht immer, wie es einstens war . . .
und wohin soll er nun den Kuckuck kleben?
O einziger Lothar!

Und kurz und gut: Nicht immer ging's dem süßen Kinde
Thaliens gut, und meistens nur so so . . .
Nun aber kommen Wiesen und die Sommerwinde –
Rideau!
Rideau!

Kritik

Da oben spielen sie ein schweres Drama
mit Weltanschauung, Kampf von Herz und Pflicht:
Susannen attackiert ein ganz infama
Patron und lässt sie nicht.

Ich sitze im Parkett und zück den Faber
und schreibe auf, ob alles richtig sei;
Exposition, geschürzter Knoten – aber
ich denk mir nichts dabei.

Mein Herz weilt fromm bei jenem lieben Kinde,
das lächelnd eine Kindermagd agiert:
ich streichle ihr im Geiste sehr gelinde,
was sie so lieblich ziert.

Nun sieh mal einer diese süßen Pfoten,
dies Seidenhaar mit einem Häubchen drauf –
es gibt da sicher manch geschürzten Knoten:
ich löst ihn gerne auf.

Wer sagte da, dass ich nicht sachlich bliebe?
(Nu sieh mal einer dieses schlanke Bein!)
Begeisterung, Freude am Beruf und ›Liebe‹ –:
So soll es sein!

Kino

Wird Gustav, der Kommis, entlassen?
Seit einer halben Stunde weiß ich's nicht . . .
Die greise Mutter löffelt, was sie kriegt,
aus dicken Untertassen.

Nun kommt der Chef! Mit schultern Bartkoteletten
und einem Mimenmund und uhrgeschmücktem Bauch . . .
Dumpf buchstabiert das Publikum:
»Nee – ü-ber – Ihnen – a-ber – auch . . . «
Da gibt es nichts zu retten.

Hier stehen Mutter, Tochter, Hund und Chef und seine Leiche!
Nun aber steigt auf einer Geige jählings himmelan
ein Lauf, der seinerseits im Bass begann . . .
Die nächste Nummer: »Jacob auf der Eiche.«

Humor! Man lacht! Wes Auge blieb da trocken?!
Die Hose – denken Sie – zer – hi – zerriss!
Vergessen ist die Tränenkümmernis
und jene Totenglocken . . .

Doch jetzt erblick ich einen Fürsten oben,
der weiht mit seinem Helmbusch etwas ein –
ja, sollt dies wirklich Herzog Albrecht sein?
Und kurz und gut: Hier fühl ich mich erhoben!

Auftakt

Thalia stürzt sich in die Winterrobe
und macht sich bis zum Rückenwirbel bloß . . .
Ab wirft sie ihren Schmoddergown – ick jloobe,
jetzt geht es los.

Das Winterfieber packt die kleinsten Schmieren,
der Mime schwärzt den alten Schappohklapp,
der Direktöhr lässt das Theater renovieren
und staubt die Hypotheken ab.

Der Spielplan steigt: man wird Modernes geben,
Bongs Klassiker, Band eins bis hundertzehn,
und Ibsen, Shakespeare und Herrn Schönherrleben –
ihr werdet's sehn!

Man ist erregt bis in die tiefsten Tiefen –
selbst nachts brennt Licht im Direktionsbüro.
Schon hört man unsern Holzbock interwiefen . . .
Rideau!
Rideau!

Parkett

Das Stück hat Weltanschauung. Neben mir Ottilchen
hat weit die grauen Augen aufgemacht:
Der, nach dem Spiel, erhofft ein Kartenspielchen,
der eine Nacht . . .

Der Diener meldet die Kommerzienräte,
die Gnädige empfängt, ein Sektglas klirrt.
Ich streichle ihre Hand, die sonst die Hüte nähte . . .
Ob das was wird?

Da oben gibt es Liebe und Entsetzen,
doch so gemäßigt, wie sich's eben schickt.
»Ottilie«, flüstre ich, »vermagst du mich zu schätzen?!«
Sieh da: sie nickt.

Nun lässt mich alles kalt: die ganze Tragik
ist jetzt für mich verhältnismäßig gleich.
Und nimmt Madameken ihr Gift, dann sag ick:
»Ich bin so reich . . .«

Was kümmern mich die blöden Bühnenränke!
Nu sieh mal, wie sie um die Leiche stehn!
Genug –
. . . »Ottilie«, spreche ich, »ich denke –
wir wollen gehn . . .«

Die Musik kommt

Nun zwängt, die sonst Musik die Töchter lehrte,
sich ins Schwarzseidene mit dem Krachkorsett;
und dass man Haydn, Bach und Koschat ehrte,
beweist man durch Gesang und am Spinett.

Nun schlagen wieder löwenmähnige Meister
mit ihren Pranken auf die Flügel ein,
und fiedelt jemand Violin, dann heißt er
Mischka und soll erst sieben Jahre sein.

Du siehst mich lächelnd an, Eleonore –
auch du, Geliebte, seist ein Singtalent?
Doch entfleucht durch meinem rechten Ohre,
was dein Sopran mir in das linke flennt.

Ach ja, der Herbst! Die Blätter werden gelber,
und jedes Mädchen kriegt ein hohes C,
und auch der Musikpädagoge selber
stund auf und tremolieretee ...

Du Stadt der Lieder, bist du nicht verwundert?
So jedes Jahr hast du um den Advent
Musikkonzerte Stücker achtzehnhundert –
doch mit Gewinn: nur sechseinhalb Prozent.

Schöner Herbst

Das ist ein sündhaft blauer Tag!
Die Luft ist klar und kalt und windig,
weiß Gott: ein Vormittag, so find ich,
wie man ihn oft erleben mag.

Das ist ein sündhaft blauer Tag!
Jetzt schlägt das Meer mit voller Welle
gewiss an eben diese Stelle,
wo dunnemals der Kurgast lag.

Ich hocke in der großen Stadt:
und siehe, durchs Mansardenfenster
bedräuen mich die Luftgespenster . . .
Und ich bin müde, satt und matt.

Dumpf stöhnend lieg ich auf dem Bett.
Am Strand war es im Herbst viel schöner . . .
Ein Stimmungsbild, zwei Fölljetöner
und eine alte Operett!

Wenn ich nun aber nicht mehr mag!
Schon kratzt die Feder auf dem Bogen –
das Geld hat manches schon verbogen . . .
Das ist ein sündhaft blauer Tag!

BERLINER FASCHING

Nun spuckt sich der Berliner in die Hände
und macht sich an das Werk der Fröhlichkeit.
Er schuftet sich von Anfang bis zu Ende
durch diese Faschingszeit.

Da hört man plötzlich von den höchsten Stufen
der eleganten Weltgesellschaft längs
der Spree und den Kanälen lockend rufen:
»Rin in die Eskarpins!«

Und diese Laune, diese Grazie, weißte,
die hat natürlich alle angesteckt;
die Hand, die tagshindurch Satin verschleißte,
winkt ganz leschehr nach Sekt.

Die Dame faschingt so auf ihre Weise:
gibt man ihr einmal schon im Jahr Lizenz,
dann knutscht sie sich in streng geschlossnem Kreise,
fern jeder Konkurrenz.

Und auch der Mittelstand fühlt's im Gemüte:
er macht den Bockbierfasshahn nicht mehr zu,
umspannt das Haupt mit einer bunten Tüte
und rufet froh: »Juhu!«

Ja, selbst der Weise schätzt nicht nur die hehre
Philosophie: auch er bedarf des Weins!
Leicht angefüllt geht er bei seine Claire,
Berlin radaut, er lächelt . . .
Jeder seins.

VORFRÜHLING

Sieh da: nun ist der fette Dichter wieder
von seinem Winterschläfchen aufgewacht,
und er entlockt der Harfe heitre Lieder,
ti püng – die Winde wehn, der Himmel lacht.

Er schauet sanft verklärt, und eine Putte
hält über seinem Kopf den Lorbeerkranz.
Vorfrühling nähert sich, die junge Nutte,
und probt, noch schüchtern, einen kleinen Tanz.

Das Barometer droht mit seinem Zeiger:
»Nicht immer feste druff! Ich falle bald.«
Selbst Barometer schwätzen. Große Schweiger
sind selten in dem Land des Theobald.

Noch immer Zabern und Theaterpleiten,
und wie man wieder auf den Fasching geht,
Protestbeschlüsse, andre Lustbarkeiten –
und alles red't und alles red't.

Und wenn man dieses Deutschland sieht und diese
mit Parsifalleri – und -fallerein
von Hammeln abgegraste Geisteswiese –
ah Frühling! Hier soll immer Winter sein!

Nicht! noch nicht!

Ein leichter Suff umnebelt die Gedanken.
Verdammt! Der Frühling kommt zu früh.
Der Parapluie
steht tief im Schrank – die Zeitbegriffe schwanken.

Was wehen jetzt die warmen Frühlingslüfte?
Ein lauer Wind umsäuselt still
mich im April –
die Nase schnuppert ungewohnte Düfte.

Du lieber Gott, da ist doch nichts dahinter!
Und wie ein dicker Bär sich murrend schleckt,
zu früh geweckt,
so zieh ich mich zurück und träume Winter.

Ich bin zu schwach. Ich will am Ofen hocken –
die Animalität ist noch nicht wach.
Ich bin zu schwach.
Laternenschimmer will ich, trübe Dämmerung und
dichte Flocken.

„Drücken musste!"

Der Lenz ist da!

Das Lenzsymptom zeigt sich zuerst beim Hunde,
dann im Kalender und dann in der Luft,
und endlich hüllt auch Fräulein Adelgunde
sich in die frischgewaschene Frühlingskluft.

Ach ja, der Mensch! Was will er nur vom Lenze?
Ist er denn nicht das ganze Jahr in Brunst?
Doch seine Triebe kennen keine Grenze –
dies Uhrwerk hat der liebe Gott verhunzt.

Der Vorgang ist in jedem Jahr derselbe:
man schwelgt, wo man nur züchtig beten sollt,
und man zerdrückt dem Heiligtum das gelbe
geblümte Kleid – ja, hat das Gott gewollt?

Die ganze Fauna treibt es immer wieder:
Da ist ein Spitz und eine Pudelmaid –
die feine Dame senkt die Augenlider,
der Arbeitsmann hingegen scheint voll Neid.

Durch rau Gebrüll lässt sich das Paar nicht stören,
ein Fußtritt trifft den armen Romeo –
mich deucht, hier sollten zwei sich nicht gehören ...
Und das geht alle, alle Jahre so.

Komm, Mutter, reich mir meine Mandoline,
stell mir den Kaffee auf den Küchentritt. –
Schon dröhnt mein Bass: Sabine, bine, bine ...
Was will man tun? Man macht es schließlich mit.

FRÖHLICHE OSTERN

Da seht aufs Neue dieses alte Wunder:
Der Osterhase kakelt wie ein Huhn
und fabriziert dort unter dem Holunder
ein Ei und noch ein Ei und hat zu tun.

Und auch der Mensch reckt frohbewegt die Glieder –
er zählt die Kinderchens: eins, zwei und drei . . .
Ja, was errötet denn die Gattin wieder?
Ei, ei, ei
ei, ei
ei!

Der fleißige Kaufherr aber packt die Ware
ins pappne Ei zum besseren Konsum:
Ein seidnes Schnupftuch, Nadeln für die Haare,
die Glitzerbrosche und das Riechparfuhm.

Das junge Volk, so Mädchen wie die Knaben,
sucht die voll Sinn versteckte Leckerei.
Man ruft beglückt, wenn sie's gefunden haben:
Ei, ei, ei
ei, ei
ei!

Und Hans und Lene steckens in die Jacke,
das liebe Osterei – wen freut es nicht?
Glatt, wohlfeil, etwas süßlich im Geschmacke,
und ohne jedes innre Gleichgewicht.

Die deutsche Politik . . . Was wollt ich sagen?
Bei uns zu Lande ist das einerlei –
und kurz und gut: Verderbt euch nicht den Magen!
Vergnügtes Fest! Vergnügtes Osterei!

BUND DER LANDWIRTE

Des Morgens speit er auf die Berolina,
des Abends macht er sich's bei ihr bequem;
auf seiner Klitsche geht er mit die Hihna
zu Bett – und hier mit anderswem.

Und in den Sektlokälern stellen
sie sich wie Eichen auf, so fest und stark:
»Wat, Kuhlow, det sinn hier Marjellen?
Und Rasse ham se . . . !« (Zwanzig Mark.)

Am nächsten Morgen sitzt er, stramm gerötet
und gut rasiert (die Äuglein noch verklebt),
im Zirkus, wo man seine Feinde tötet –
»Die roten Juden!« – und die Sitzbank bebt.

Der ganze Stall scharrt stürmisch mit den Hufen,
es schnaubt und wiehert jeder dicke Gaul,
und alles glotzt von jenen Zirkusstufen
dem alten Schimmel Oldenburg ins Maul.

. . . Des Morgens speit er auf die Berolina,
des Abends greift er ihr ans volle Bein.
Und das sind unsre Herrscher und Verdiener . . .
Ich bin ein Preuße, will ein Preuße sein!

Home, sweet home

Berliner Muse mit den runden Hüften,
den Tuchgamaschen und dem Samtbarett,
umgaukle du mich in den staubigen Lüften:
Komm, Göttin, sei mal nett!

Hier auf dem Rathausturm ist's windig, Muse,
der kalte Zug reißt mir die Leier weg –
begleite mich, mein süßes Kind, halt du se:
Ich singe so freiweg.

Da liegt die Stadt – nur schön bei Regenstürmen –
teils an der Panke und teils an der Spree,
mit Synagogenkuppeln, Kirchentürmen
und einem Tanzpaleeh.

Und was da längs des grünen Bäumewalles
so gülden gleißt (ich weiß nicht, ob du's kennst):
das ist der Reichstag – doch es ist nicht alles
hienieden Gold, was glänzt.

In jener Gegend wohnt die große Presse –
sie macht erst unsre Zeit in Wort und Bild:
dort sättigt der Berliner sein Interesse,
nervös und injebildt.

Da hinten rechts, in jener dunstigen Weite,
liegt der Komödienhäuser dichter Hauf –
und gehn sie alle, alle langsam pleite:
dann macht man neue auf.

Und, siehst du, hier verbringt man so sein Leben.
Da draußen rauschen Wälder, Wolken ziehn –
Wir passen auf, was sie für Possen geben,
und wie sie vor den Uniformen beben! –
O du mein Heimatland, du mein Berlin!

An die Meinige

Legt man die Hand jetzt auf die Gummiwaren?
Erinnre, Claire, dich an deine Pflicht!
Das geht nicht so wie in den letzten Jahren:
Du bist steril, und du vermehrst dich nicht!

Wohlauf! Wohlan! Zu Deutschlands Ruhm und Ehren!
Vorbei ist nun der Liebe grüner Mai –
da hilft nun nichts: du musst etwas gebären,
einmal, vielleicht auch zweimal oder drei!

Wir Deutschen sind die Allerallerersten,
voran der Kronprinz als Eins-A-Papa.
Der Gallier faucht – wir haben doch die mehrsten,
und hungern sie, mein Gott, sie sind doch da!

Denn sieh: die Babys brauchen Medizinen
und manchmal auch ein weiß Getöpf aus Ton,
Gebäck, das Milchgetränk – man kauft es ihnen,
und dann vor allem, Kind, die Konfektion!

Und wer soll in des Kaisers Röcken dienen,
umbrüllt vom Leutnant und vom General?
Stell du das her: es muss nur maskulinen
Geschlechtes sein – der Schädel ist egal.

Ins Bett! Hier hast du deine Wickelbinden!
Schenk mir den Leo nebst der Annmarei!
Und zählt man nach, wird man voll Freude finden
sechzig Millionen, und von uns
die zwei!

Die Kronprinzenbühne

Sieh da, sieh da: am preußschen Hof
erblickt man einen Musenschwof.
Man spielt beim Sohn vom Vater
Theater.

Die kleine Zote, lieb und nett,
wird blank poliert für das Parkett –
und, was der Gallier schildert,
gemildert.

Auch fühlt man sich beträchtlich wohl
im reinlichen Salontirol.
Der Dichter schwingt im Gmüatl
's Hüatl.

Und auch die Tonkunst ist all hier:
da hinten trommelt am Klavier
für viele Pinke-Pinke
Paul Lincke.

Und alles ist im Ordensfrack . . .
Nur leider fehlt der Kunstgeschmack.
Nun, man behilft sich ohne
beim Sohne, Sohne, Sohne –
beim Sohne.

Deutscher Abend

Nun gönnt die Firma stillen Abendfrieden
dem Arbeitsmann, den Mädels, dem Kommis –
nun sitzt ganz Deutschland um den runden, lieben
gedeckten Tisch und sieht aufs Visavis.

Da liegt das Land: ganz schwarz und blau und dunkel.
Es klirrt der Wind im Telegrafendraht.
Ein gelbes Fenster grüßt dich mit Gefunkel:
hier spielt der Förster seinen Dauerskat.

Man hebt die Zeitung, lässt sie wieder sinken,
die Welt, ihr Lieben, geht den alten Lauf –
hierauf bezüglich kann man einen trinken,
die Pfeife qualmt, nun steigt der Mond herauf.

Und hundert Mimen spreizen ihre Glieder,
und hundert Bürger füllen sich mit Bier ...
Und hundert Mädchen summen kleine Lieder,
denn morgen, morgen muss er fort von hier.

O Herr, so wie wir hienieden krauchen,
so segne Land und Leute und Kompott.
Verlass dich drauf: wir können's brauchen,
wir können's brauchen, lieber Gott!

Kleines Gespräch mit unerwartetem Ausgang

Der Herrgott saß auf Wolkenkissen
und sah sich seine Erde an.
Was braust herauf? Sieh da, das is'n
Aeroplan.

Ein Offizier grüßt freundlich lächelnd.
»Gestatten! Schwaben Nummer Vier!«
– und die Propeller surren fächelnd –
»Wir sind nu hier! –

Was sagen Sie zu unserm Siege?
Wir brachen spielend den Rekord.
Wozu? Wir brauchen das zum Kriege . . . «
»Zum Krieg? Zum Mord!«

»Erlauben Sie, Sie sind zu schwächlich . . . «
»Und wer gab euch das viele Geld – ?«
»Das Volk! Das Volk war es hauptsächlich
vom Rhein zum Belt.«

»Das Volk? Hat es so krumme Nacken?
Ist denn bei euch das Volk so dumm?«
Hier lachte Gott aus vollen Backen.
Man kippte um.

An eine Marie vom Lande

Marie – Du ringst die derben Hände:
»Du Sündenbabel! Pfui Berlin!«
So streust Du über das Gelände
den Dung und die Entrüstung hin.

So geußest Du ob dem gewellten
Asphaltreich den Kritikbericht . . .
Marie – es dürfen viele schelten!
Du nicht!

Bedenk, wir könnten Dir erschließen,
wie bei Dir draußen auf dem Land
– dem rechts der Elbe – Preise sprießen,
die vormals dort kein Mensch gekannt.
Wir könnten Dir so manches zeigen
von Polenarbeit, Menschenpflicht . . .
Es ist jetzt Krieg – und wir, wir schweigen.
Du nicht.

Wir sind durchaus nicht so begeistert,
von allem, was die Panke beut:
der Schieber, der die Wechsel meistert,
die Dame, die den Schieber freut;
das Kino-Café gegenüber,
der Händler, den der Hafer sticht . . .
Es gibt ja manche, die stehn drüber.
Du nicht.

Hör auf, uns sauer anzumucken –
bei uns hast Du damit kein Glück.
Man kann zwar leicht nach unten spucken,
nach oben nicht – das fällt zurück.
Hier zieht's! Du kannst Dich leicht erkälten –
und Du stehst selber vor Gericht.
Marie – es dürfen viele schelten!
Du nicht!

Der alte Pojaz spricht

Mein Kind, ich bin schon lange fern der Schminke,
gern denk ich dran, das war die bunte Zeit!
Ich gab dem Personal die letzten Winke,
dann trat ich auf zwei Meter zwanzig breit,

auf meinem Hut sang ein Kanaripärchen,
auf Rollen zog ich nach ein kleines Licht . . .
Und doch: betracht ich mir die letzten Jährchen –
Nein! solche Purzelbäume schlug ich nicht!

Ich war gewiss mal eine dolle Nummer,
trieb meinen besten Freunden Nägel in den Bauch
und sang mir häufig meinen Liebeskummer
in einen präparierten Gartenschlauch.

Nun bin ich alt und bürgerlich geworden,
ich seh mich um, was hier zu Hause ficht,
seh mir die Leute an mit Titeln und mit Orden –
Nein! solche Purzelbäume schlug ich nicht!

Wenn ich die Ausschusspolitik betrachte,
dies Reklamiertenmundwerk – bin ich starr.
Denn, was ich auch in meiner Jugend machte:
ich war ein Clown, doch war ich niemals Narr.

Ich ließ die Pritsche und Pistole krachen,
ich tanzte manchen Wackelpolkaschritt . . .
Doch was die neuen Clowns für Sprünge machen:
Grüß Gott, mein Kind, da kann ich nicht mehr mit!

WETTERHÄUSCHEN

Mal geht's uns gut. Dann brüllt der Chor der Rache.
Die Weltenunterjocher werden wild.
Der Bizeps steigt. Der Kluge ist der Schwache.
Nur Macht ist Recht, die Mannessehne schwillt –
Mal geht's uns gut.

Mal klappt's nicht so. Sieh da: die Idealen
zitieren Luther, Goethe und von Kleist.
Ein Krämervolk nur pocht auf seine Zahlen,
und man besinnt sich plötzlich auf den Geist –
Mal klappt's nicht so.

Und je nachdem der Stand schlecht oder bene,
drehn sich aus ihrem kleinen Haus von Holz
Mars aus Papiermaché, Pallas Athene,
ein jedes unumschränkt und stolz –
Ganz je nachdem.

Sieh ohne Ehrfurcht auf die bunte Puppe;
sie ist beweglich, drum erkenn daraus:
Wer vorne steht, ist ja wohl gänzlich schnuppe –
der Himmel macht's . . . und nicht das Wetterhaus!

SELBSTBESINNUNG

Fort mit der sonst so aktuellen Harfe!
Heut pfeif ich mir nach eigenem Bedarfe
auf meiner Flöte einen in Cis-Moll
von dem, was ist; von dem, was werden soll.

Von dem, was ist . . . Kaum kann uns etwas schrecken.
Mars schlägt mit Wucht auf sein verzinktes Becken –
lass bluten, was da bluten mag –
und er regiert die Stunde und den Tag.

Und er regiert die Stunde und das Jahr –
bedenk, wer damals noch am Leben war!
Und leise spielt – wie waren wir doch jung! –
der Leierkasten der Erinnerung.

Wie kannst du dich in all dem wiederfinden?
Du magst dich mühsam durch Systeme winden,
durch Pflichten, die es geben muss und gibt –
du siehst dahinter und wirst unbeliebt.

Lass dich von keinem Schlagwort kirren!
Von keinem Vollbart dich beirren!
Es schenkt dir niemand was dazu –
bleib, was du warst; bleib immer: Du!

Geheimrat Goethe sang nicht minder
vom höchsten Glück der Erdenkinder
er war Ministerpräsident
und also sicher kompetent.

Man kehrt nach aller Schicksalstücke
doch immer auf sich selbst zurücke.
Drum wünsch ich dir nach dem Gebraus
dein altes, starkes, eignes Haus!

Auf Urlaub

Die Residenz!
Gu'n Tag, du Metropole!
Da ist auch schon der Alexanderplatz . . .
Gestatte, dass ich mich das Schneuztuch hole,
das Herz schlägt stürmisch unterm Busenlatz.
Du gute Spree mit dem geduldigen Rücken,
der Ruderklubs und der Mamsells Entzücken –
ich seh dich still und mächtig dreckig ziehn . . .
Berlin!

Die Weiche knackt. Der Zug zischt an den Hallen
der Stadtbahn lang. Da liegt der dicke Dom.
Die pfui! die Friedrichstraße will mir recht gefallen,
am Charitéhaus grünt ein Appelboom.
Die Völker auf den Straßen sind nicht ohne:
dem Gang nach lauter Jrafens und Barone.
Es riecht nach Geld. Prozente, Mensch, verdien!
Berlin!

Charlottenburg. Da steht die lange Claire,
den Bastard meiner Liebe an der Hand.
Ob auch die Rationierung an uns zehre –
der Knochenbau hält allen Feinden stand.
Das wird die rechte Wiedersehensfeier!
Ich hab (im Rucksack) fünfundsiebzig Eier –
Da hält der Zug! Die Kümmernisse fliehn . . .
Berlin! Berlin!

An einen garnisondienstfähigen Dichter

Du schlägst die kriegerisch-verstimmte Leier,
du singst von Hass und Blut und Pulverrauch –
und heißt vielleicht nur Gottlob Emil Meier,
sanft wölbt sich dir der Zwei-Terrassen-Bauch ...

Du singst vom Sturmangriff, von roten Hosen,
von England-Hass, von Not und Schlachtengraus,
vom Panjefeind und von den Erzfranzosen –
Komm raus!

Komm einmal raus! Besieh dir das persönlich –
gewiss: es ist nicht immer ideal,
mitunter geht's im Kriege ganz gewöhnlich
und schmutzig zu – besieh's dir nur einmal.

Nein! das genügt noch nicht: du musst es auch erleben,
zieh an die schlichte Farbe unsres Graus.
Mach mit! Wir wolln dir fünf Mark dreißig geben –
Komm raus!

Vielleicht wirst du dann endlich, endlich lernen:
Wer seine Pflicht tut, kämpft und steht und schweigt.
Steigt auch der Ruhm der Kameraden zu den Sternen –
sieh nur, wie lautlos und wie still das steigt!

Doch ziehn wir später einmal (Gott mag wissen,
wann das geschieht), zurück, sind Leid und Wirrsal aus:
dann, Meier, wollen wir dich gerne missen!
Dann bleib zu Haus!

KÜMMERNIS

Frühmorgens beim Kaffee – mein faltiger Bauch,
wie baumelst du trübe und leer!
Gewiss, ohne Zucker und Milch geht es auch,
so reicht mir die Kanne nur her.
Kein Fleisch und kein Honig, kein Fett und kein Ei,
wie öd ist das Frühstücksgedeck!
Doch eines, mein Bauch, stört am meisten uns zwei:
Die Sahne . . .
die Sahne ist weg!

Und nicht nur beim Kaffee – o Allegorie!
komm mit in den Musenhain.
Wie sehr auch der Kunstmarkt lärmte und schrie:
wer reich ist, der braucht nicht zu schrein.
Die Expressionisten im Kinderkleid
und die Kunst mit dem fünfstelligen Scheck –
und ich denke an Brahm und die alte Zeit –
Die Sahne . . .
die Sahne ist weg!

So schau in die Zukunft! – Was kommt denn danach,
wenn die Große Zeit einst vorbei?
Was kommt nach den Tränen, dem Blut und der Schmach
und all dem Nationengeschrei?
Was kommt für die Kinder? die Generation
der Hoffnung?
Ich sehe da black –
Mein Jugendlicher, o Ludolf, mein Sohn:
Die Sahne . . .
die Sahne ist weg!

DIE ARME FRAU

Mein Mann? mein dicker Mann, der Dichter?
Du lieber Gott, da seid mir still!
Ein Don Juan? Ein braver, schlichter
Bourgeois – wie Gott ihn haben will.

Da steht in seinen schmalen Büchern,
wie viele Frauen er geküsst;
von seidenen Haaren, seidenen Tüchern,
Begehren, Kitzel, Brunst, Gelüst . . .

Liebwerte Schwestern, lasst die Briefe,
den anonymen Veilchenstrauß!
Es könnt ihn stören, wenn er schliefe.
Denn meist ruht sich der Dicke aus.

Und faul und fett und so gefräßig
ist er und immer indigniert.
Und dabei gluckert er unmäßig
vom Rotwein, den er temperiert.

Ich sah euch wilder und erpichter
von Tag zu Tag – ach! lasst das sein!
Mein Mann? mein dicker Mann, der Dichter?
In Büchern: ja.
Im Leben: nein.

NAMENSÄNDERUNG

Ich muss mir einen neuen Namen geben.
Mein Gott, wer ändert nicht in großer Zeit!
Man kann ja auch als Kaspar Hauser leben,
wie er war ich von aller Welt so weit.

Ich Menschenfremdling dacht in meiner Klause:
Ist ein Professor einmal Monarchist,
weht einmal Schwarz-Weiß-Rot von seinem Hause,
dann, dacht ich, bleibt er eben, was er ist.

Ich Kind! Da lebt ich so im frommen Wahne.
Der hat ja gar nicht jenen Thron gemeint!
Sein Banner ist die kleine Wetterfahne:
Zahlst du Pension? Wenn nicht, bist du der Feind.

Und flugs und flink hat er sich umgewandelt.
Man ändert seinen Namen, nicht das Herz.
Man lernt die neuen Worte, und man handelt
die Überzeugung nunmehr anderwärts.

So zeigt sich denn beim Leben und beim Schreiben:
die Reaktion ist alt – die Phrase neu.
Ich aber will gern euer Alter bleiben,
als Kaspar Hauser.
Bleibt mir weiter treu!

BRUCH

Was aber wird nun aus der Siegsallee?
Wird man dieselbe, weil zu royalistisch,
zu autokratisch und zu monarchistisch,
abfahren in den Neuen See?

Lässt man bei jedem Denkmal die Statur?
und setzt nur neue Köpfe auf die Hälse?
Nun, sagen wir mal, den von Lüders Else
und Brutus Molkenbuhr?

Weckt man den schönen, weißen Marmor ein?
Vor langen Jahren, damals, im Examen,
wusst' ich, wie alle nach der Reihe kamen . . .
Soll das umsonst gewesen sein?

Und sie ist schön! – Lass uns vorübergehen
und lächeln – denn wir wissen ja Bescheid,
Ich glaub, wir lassen still die Puppen stehen
als Dokumente einer großen Zeit.

Im Käfig

Hinter den dicken Stäben meiner Ideale
lauf ich von einer Wand zur andern Wand.
Da draußen gehen Kindermädchen, Generale,
Frau Lederhändlerswitwe mit dem Herrn Amant . . .

Manchmal sieht einer her. Mit leeren Blicken:
Ah so! ein Tiger – ja, das arme Tier . . .
Dann sprechen sie von »Tantchen auch was schicken
in Pergamentpapier«.

Ich möcht' so gern hinaus. Ich streck und dehn mich –
die haben's gut, mit ihrer großen Zeit!
Sie sind gewiss nicht rein, und doch: ich sehn mich
nach der Gemeinsamkeit,

Der Tiger gähnt. Er käm so gern geloffen . . .
Doch seines Käfigs Stäbe halten dicht.
Und ließ der Wärter selbst die Türe offen:
Man geht ja nicht.

Revue

Die Weiblichkeit lass ich vorüberrauschen,
Hilfsdienstmutwillige, Mädchen aus dem Land –
dem Schlagen eines Herzens will ich lauschen –
gib mir die Hand!

Ja, aber wer? In diesen Menschenwogen
schwimmt Tinchen, klein und blond, hin und zurück;
zwei linke Beine, zart und sanft gebogen –
ist das das Glück?

Wie ist's mit der? Gott Eros schwingt die Fackel,
die Stangen des Korsettes krachen leis,
die kurzen Finger ziehn an einem Dackel –
ein Traum in Weiß.

Und du? in schwärzlich finstrer Reife,
die Schatten dunkler Stunden im Gesicht?
Es gibt noch Menschen, die besitzen Seife –
du hamsterst nicht.

Ich denk an die gnädige Frau.
In Terzen
pfeif ich vergnügt: Mimi! von diesen Kindern keins.
Mein Wappenspruch, du Wort nach meinem Herzen:
Jeder seins!

SEHNSUCHT NACH DER SEHNSUCHT

Erst wollte ich mich dir in Keuschheit nahn.
Die Kette schmolz.
Ich bin doch schließlich, schließlich auch ein Mann,
und nicht von Holz.

Der Mai ist da. Der Vogel Pirol pfeift.
Es geht was um.
Und wer sich dies und wer sich das verkneift,
der ist schön dumm.

Denn mit der Seelenfreundschaft – liebste Frau,
hier dies Gedicht
zeigt mir und Ihnen treffend und genau:
es geht ja nicht.

Es geht nicht, wenn die linde Luft weht und
die Amsel singt –
wir brauchen alle einen roten Mund,
der uns beschwingt.

Wir brauchen alle etwas, das das Blut
rasch vorwärtstreibt –
es dichtet sich doch noch einmal so gut,
wenn man beweibt.

Doch heller noch tönt meiner Leier Klang,
wenn du versagst,
was ich entbehrte öde Jahre lang –
wenn du nicht magst.

So süß ist keine Liebesmelodie,
so frisch kein Bad,
so freundlich keine kleine Brust wie die,
die man nicht hat.

Die Wirklichkeit hat es noch nie gekonnt,
weil sie nichts hält.
Und strahlend überschleiert mir dein Blond
die ganze Welt.

Versunkenes Träumen

Lieblich ruht der Busen, auf dem Tisch,
jener Jungfrau, welche rosig ist und frisch.

Ach, er ist so kugelig und gerundet,
dass er mir schon in Gedanken mundet.

Heil und Sieg dereinst dem feinen Knaben,
dem es freisteht, sich daran zu laben.

Jener wird erst stöhnen und sich recken;
aber nachher bleibt er sicher stecken.

Heirat, Kinder und ein häusliches Frangssäh –
nichts von Liebesnacht und jenem Kanapee ...

Ich hingegen sitz bei ihren Brüsten,
und – gedanklich – dient sie meinen Lüsten.

Doch dann steh ich auf und schlenkre froh mein Bein,
schiebe ab,
bin frei –
und lasse Jungfer Jungfer sein! –

Verfehlte Nacht

Heute wollte die Gnädige bei mir schlafen –
und ich freute mich auf unsres Glückes Hafen.

Aber die, die längst in den Gräbern ruhen,
weiß betogat und mit weißen Schuhen,

jene alten, weisen, würdigen Kirchenväter
wandern schaurig hint'einander durch den Äther . . .

Ach, ich muss sie alle, alle lernen,
und dann ziehn sie wieder in die nebelhaften Fernen.

Meine Nacht beim Teufel – die verfluchten Frommen!
Wirst du nächste Woche zu mir kommen? –

Sieh, dann sind sie fest in meinem Kopf gefangen,
und ich will vergnügt nach deinen Brüsten langen!

Gute Nacht!

Ich geh mit meinen Wanzen schlafen,
rotbraun und platt.
Quartiert bin ich bei einem Grafen,
der viele hat.

Des Nachts, wenn alle Sterne funkeln,
dann ziehen still
die fleißigen Scharen hin im Dunkeln,
wie Gott es will.

Sie kommen aus den schmalen Ritzen,
aus dem Parkett;
die feinern aber fastend sitzen
des Tags im Bett.

Sie pieken mich. Es schwillt zu riesigen
Fleischklümpchen an, was sie gepackt;
das macht die Beißekunst der Hiesigen –
die sind exakt.

Sie pieken mich. Es juckt. Zum Glücke
ist morgen alles wieder rein.
Und wenn ich eine sanft zerdrücke,
gedenk ich dein.

An ihren Papa

Amici! Plaudite! – Die bunten Bänder
und Wimpel flattern froh im Wind!
Wie danke ich dir gütigem Spender
für dieses Kind! –

Du würdiger Greis – vor so und so viel Jahren
erzeugtest du's in einer Nacht...
Ich weiß, dass dies bei ungebleichten Haaren
schon Mühe macht.

Und du, im rüstigen Mannesalter,
du produziertest dies bébé –
ein Frauenseufzer... leis verhallt er... –
Dir Evoë! –

Dir Evoë! – Ich gratuliere!
Dein denk ich, Autor, ist sie da –
Dein denk ich, wenn ich kokettiere –
Grüß Gott, Papa!

KINO-ATELIER

Da vorne klemmt ein Jraf sich das Monokel
platt ins Gesicht – die Bogenlampe zischt.
Ein Gazefräulein steht auf einem Sockel –
der dicke Regisseur brüllt: »Das is nischt!«

Zweihundertvierzig Mädchen trippeln zierlich
auf einer Treppe, steil bis unters Dach –
Ein kleines dickes Baby schluckt manierlich
die Milch –
der Chef macht mit der Diva Krach.

In dieser Ecke stößt ein Intrigante
dem Helden – brr! – das Messer in den Bauch.
In jener Ecke spritzt die gute Tante
der böse Neffe mit dem Gartenschlauch.

Die Dirne lümmelt sich an ihren Buhlen.
Der Herr Beleuchter macht sich nichts daraus
und knipst behufs Erzeugung einer schwulen
Verführungsszene eine Lampe aus.

Und wenn ich mir dies Atelier bekieke,
voll Kitsch und Lärm und Rummel, Schmerz und Spaß –:
dann seh ich vor mir unsre Politike.
Da spielt auch jeder nur die eigene Musike –
und an das Ganze denkt kein Aas.

Persisch

Omar Chab, der Hofflötiste,
auf dem Markt zu Teheran,
steht auf einer Eierkiste,
stimmt die neue Sure an:
Oh kaleika, leika, leika –
Oh kaleikalé –
Oh kaleika, leika, leika –
piddljué-éeeeeh! –

Und das Volk tanzt ganz begeistert
(wie es Brauch) auf einem Bein;
Forscher, die gefühlsbekleistert,
schreiben es in Bücher ein:
Oh kaleika, leika, leika –
Oh kaleikalé –
Oh kaleika, leika, leika –
piddljué-éeeeeh!

Theobald, der dies gelesen,
kriecht bei Clairen tief herein –
wo er einst entzückt gewesen,
bläst er nunmehr tief und fein:
Oh kaleika, leika, leika –
Oh kaleikalé –
Oh kaleika, leika, leika –
piddljué – éeeeeehh! –
Tje...

SAISONBEGINN

Nun schnüren sich die Musen in ihr Mieder.
Auf neu gebügelt wird der Kintop-Beau.
Sogar den alten Holzbock kitzelts wieder –
Rideau!
Rideau!

Es tauchen auf die ält'sten braven Possen.
Vor jeder Bude gibt's ein Mordsgeschrei.
Der Kritiker bei Ullstein, Scherl und Mossen
spitzt Ohr und Blei.

L. Fulda und der Knabe Hasenschiller,
sie schreiben monatlich ein neues Stück;
schon sitzen beide je in einer Villa –
ein Glück! ein Glück!

Beim Kino rast die Hausse in den Kassen.
Ich hoff, wenn's wieder mal im Lande kracht,
dass die Regie bei den Verschwörermassen
Herr Lubitsch macht.

Schon steht der Inspizient an den Kulissen.
Die Orska bibbert: »Gredchen lahst mich sein!«
Die Rolle nimmt sich doch als fetten Bissen
das Pfräulein Pfein.

Thalia tingelt froh in jeder Scheune.
Ihr lieben Leute des Theaterbaus!
Gemach, gemach! Und denkt stets dran: Nach neune
ist alles aus . . . !

KÖRPERKULTUR

Und wie sich auch die weißen Glieder ranken;
und wie sie sich, wenn die letzten Hüllen sanken,
wollüstig aalt –
es kann mich nicht von meiner Brunst erlösen.
Es ist doch alles, teure Voyeusen,
bezahlt! bezahlt!

Es rast die Polizei. Die Kommissare,
sie nutzen dies als eine wunderbare
Reklame aus.
»Die Orgie«. Und: »Entkleidet bis zum Nabel«
(von unten her) – und: »Welch ein Sündenbabel!
Welch Freudenhaus!«

Du Polizei vom Alexanderplätzchen!
Es liebt doch jeder gern sein eigenes Schätzchen
und sein Pläsir.
Dies Schauspiel war, zum Beispiel, für die Dümmern.
Du musst dich aber nicht um alles kümmern –
wir schenken's dir.

Und, Presse, du! Lass das Moralgeflenne –
willst du, dass ich dir etwas Schlimmeres nenne
als dies Lokal?
Die gaben nackt sich hin im Lasterloche.
Das, Liebste, tust du schließlich jede Woche
wohl dreizehn Mal.

Spaziergänge eines Berliners

Aujuste tanzt. Ihr Kavalier hat heute
verschoben zwei Waggons voll Sacharin.
Man ist bemüht, ihm seine fette Beute
so langsam aus dem Portemonnaie zu ziehn.
Er schmeißt Champagner für die lieben Bräute,
den Hut schief in der Stirn: »Wat kost Berlin?«
»Zahl mir ein Beffstück!« haucht sie, »weil du's kannst!« –
Aujuste tanzt.

Im Ballsaal schlängeln sich befrackte Schieber.
Der Lackschuh glänzt. (Ist er auch schon bezahlt?)
Die Weiblichkeit erglänzt in Nerz und Biber
und ist im ganzen Rosa angemalt.
Nur wenn sie sprechen . . . »Emmi! Komm ma riba!«
Der Piefke protzt, die kleine Nutte prahlt.

Ist auch – wer sieht's? – der Unterrock zerfranst –
Aujuste tanzt.
Man tut wie lauter Jrafens und Barone.
Der Saal erstrahlt in goldlackiertem Stuck.
Die Preise für den Mosel sind nicht ohne –
es lebe hoch der heilige Neppomuck!
»Ich müde? Aber, Junge, nich' die Bohne!«
Der Morgen graut. Sie kriegen nie genug.
Ein Dicker hält vor Lachen sich den Wanst. –
Aujuste tanzt.

Aujuste tanzt. Wer ist denn die Aujuste?
Wer ist die Holde, die voll Heiterkeit
im Kriege und auch später tanzen musste?
Kanonen gibt es, die sind wie gefeit.
Da war die Schicht, die stets von gar nichts wusste,
sie machen sich in Nachtlokälern breit . . .
Wer war sie wohl, die du dort nächtlich fandst?
Aujuste tanzt.

Mit dem Weininger

Ja . . . da sitzt du nun auf deines Bettes Rand,
und die ganze Welt scheint dir nicht recht . . .
Lies du nur in diesem Lederband,
und erkenne dein Geschlecht!

Wisse, Mädchen, du bist null und nichtig!
bist ein subsidiäres Komplement!
Tier und Fraue! Nimmst nur eines wichtig:
Wenn der Phallus dich erkennt.

Mit den sieben heimelichen Lüsten
beugst du klaren, starken Mannessinn –:
Wenn wir nur nicht mit euch schlafen müssten!
Er hat Recht, und du bist Königin!

„So, ick setze mir 'n bißken.
Det mein Oller ooch mal wat uff die Bank hat!"

Die Schweigende

Erst haben wir davon gesprochen
– du hörtest freundlich zu –,
ob unsre alten Männerknochen
sich niemals in den Hörselberg verkrochen . . .
Und du?

Er sagte: »Ach, ich bin ein böses Luder!
Die Frauen fehlen mir.
Ich fresse jedes Jahr ein halbes Fuder,
wild tobt mein Herz, stäubt nur ihr weißer Puder . . . «
Was klopft denn dir?

Er sagte: »Rausch! Nur Rausch vor allen Dingen!
Vor dem Verstand verblich
schon manche Göttin mit den Strahlenschwingen –
Mich packt es jäh, wenn meine Sinne singen . . . «
Und dich?

Ich sagte: »Rausch ist eine schöne Sache,
deckt er uns zu.
Doch geben Sie mir auch die eine wache
Sekunde nur, in der ich rauschlos lache . . . «
Und du?

Du sprichst kein Wort. Du siehst nur so auf jeden
von uns – und während alles weit verklingt,
und während wir voll Männerweisheit reden:
blitzt auf in einem dunkeln Garten Eden
dein sieghafter Instinkt.

KLAGELIED EINES EINSAMEN

Nun schütteln wieder Mixer an den Tischen
den blank polierten Nickeltopf mit Eis.
Die Glastür geht. Die Droschkenautos zischen.
Man zahlt für alles den Valutapreis.

Musik steigt auf. Auf plüschbelegten Treppen
lässt sich der Zigarettenmann aus Frankfurt neppen.
Um ein Uhr kommt die grüne Polizei . . .
Und ich bin nicht dabei –!

Auf der Estrade steht im Reichstagssaale
ein Vollbartgreis im Gehrock – und er schwitzt.
Ein freier Mann – jedoch das Nationale
hält er steil in die Höh – der Speichel spritzt.

Die Hörerschaft spürt zwischen Schlaf und Wachen:
man muss – zur Volkswohlfahrt – Geschäfte machen
Und man verteilt die Posten, die noch frei . . .
Und ich bin nicht dabei –!

Liane strahlt. Sie ist nur schwach bekleidet:
die Armbanduhr schmückt glitzernd ihr Gelenk.
Worum sie manche Frau so sehr beneidet,
beut sie den lieben Gästen als Geschenk.

Weiß hebt die Haut sich ab von grünem Rupfen.
Man sieht zwei Herrn ein Kokainchen schnupfen.
Sie tanzt. Ganz leise haucht ein kleiner Schrei . . .
Und ich bin nicht dabei –!

Im Kino huscht die Diva auf der Leinwand.
Ein Riesenauge, glotzt das Publikum.
Die Kohlennot ist für dies Fach kein Einwand.
Laut ist die Stadt und leider haltlos dumm . . .

Da draußen schwankt ein Weidenbusch im Winde.
Ein alter Herr träumt unter einer Linde,
wer heut zum Skat noch einzuladen sei . . .
Und ich bin nicht dabei –!
noch nicht dabei!

Silvester

So viel Tage zerronnen,
so viel Monate fliehn;
stets etwas Neues begonnen,
dorrt es unter der Sonnen . . .
Hexenkessel Berlin!

Ich, der Kalendermacher,
blick nachdenklich zurück.
Mal ein Hieb auf den Schacher,
mal auf den Richter ein Lacher –
Aber wo blieb das Glück?

Schau, sie sind kaum zu belehren.
Denken nur merkantil.
Halten den Dollar in Ehren,
können ihn nicht entbehren –:
Liebliches Börsenspiel.

Mädchen – euch halten die Schieber!
Denn sie sind obenauf.
Geist –? Es ist euch viel lieber
Lack und Erfolg und Biber –
Das ist der Welten Lauf.

Nur mit dem Armband bekleidet
wandelt Melpomene.
Börsenfaun, er entscheidet,
woran die Loge sich weidet –:
kugeliges Dekolleté.

Wie verbring ich Silvester?
Gib mir dein blondes Haar.
Fasse die Arme mir fester,
gib dich, du liebliche Schwester –
woll aus deinen Händen
Nacht und Entzücken mir spenden
und ein besseres, anderes Jahr!

Schwere Zeit

Die Jungfrau in der Nebenstuben –
ich frage mich, was tut sie nur?
Ich hör die Stimme eines Buben –
so spät am Abend? Um elf Uhr?

Wie er mutiert! Und ihre Stimmen
verklingen sacht – sie murmeln leis.
Bin ich der Zeuge einer schlimmen
Verbrechertat? Wer weiß! wer weiß!

Sie spricht ihm gütig zu. Belehrend
ertönt ihr lieblicher Sopran.
Er lacht: »Jawohl!« Dies ist erschwerend!
Was wird dem Knaben nur getan?

Sind das nicht halberstickte Küsse?
Ich frag sie später, was sie treibt . . .
Sie sagt: »Die geistigen Genüsse,
sie bringen nichts als Kümmernisse.
Es ist das einzige, was mir bleibt!«

MISSACHTUNG DER LIEBE

Ach, Tante Julla, du in Neu-Ruppin
liest schaudernd von Berliner Scheußlichkeiten,
und wie die Damen ihre Glieder spreiten,
und denkst: Dies Sündenbabylon Berlin!
Und deine Äuglein öffnen sich in Lüsten,
weil deine Kaffeeschwestern gerne wüssten
von einem Paar, gelagert Bein an Bein . . .
Wie mag das sein?

Ach, Tante Julla – komm mal an die Spree.
Und sieh dir dieses Wogen aus der Nähe,
ganz aus der Nähe an, wie ich es sehe.
Und denk dir nur ein Chambre séparée.
Sie quietscht. Der Kellner schummelt. Dünne Geigen
verleiten sie, sich ziemlich ganz zu zeigen.
Ein Mieder noch und noch ein Brüstchenlein . . .
Was kann da sein –?

Ach, Tante Julla – wir sind nicht blasiert.
Und doch: wie eng ist dieser Markt der Liebe!
Der liebt die Knaben, jener schätzt die Hiebe,
und der ist nur von Zöpfen enchantiert.
Die Themis bullert mit Moralgesetzen.
Man muss Erotik nicht so überschätzen.
Bleib nur in deinen bürgerlichen Träumen,
du hast hier nämlich gar nichts zu versäumen.
Bleib, Tante Julla, in dem Stübchen klein –
Was kann da sein –?
Was kann da wirklich sein –?

SORRENT

Wie die Tage so golden verfliegen,
wie die Nacht sich so selig verträumt –
wenn am Abend bechiffonte Ziegen
vor der Theke sich wogen und wiegen –
wo der Sekt Gottbehüte noch schäumt . . .

Wo im Schleier – ich danke, Herr Franke –
junge Nutten den Beifox vollziehn . . .
O du schimmernde Blüte der Panke!
Sei gegrüßt, du mein schönes Berlin –!

Und die Nacht, wenn bei Rotters sie toben,
dem Claqueure der Handschuh zerplatzt –
wenn Annoncen, so bilderdurchwoben,
ihre Herren preisen und loben –
wenn die Loge futtert und schmatzt . . .

»Wat is denn det hier forn Jestanke?
Wer esst hier Käse? Ham Sien?« . . .
O du schimmernde Blüte der Panke!
Sei gegrüßt, du mein schönes Berlin –!

Wo mit müde verzogenen Lippen
junger Gent kalten Schleichhändler frisst –
wo Chauffeure die schweinernen Rippen
in die fettige Brihsuppe stippen –
wo der Fahrgast die Taxe vergisst . . .

Da begrabt mich mit Efeugeranke,
mit Ranunkeln und weißem Jasmin – –
Hier leben? Mensch, welch Gedanke!
O du schimmernde Blüte der Panke!
Sei gegrüßt, du mein schönes Berlin –!

Abschied von der Junggesellenzeit

Agathe, wackel nicht mehr mit dem Busen!
Die letzten roten Astern trag herbei!
Lass die Verführungskünste bunter Blusen,
das Zwinkern lass, den kleinen Wollustschrei . . .
Nicht mehr für dich foxtrotten meine Musen –
vorbei – vorbei . . .
Es schminkt sich ab der Junggesellenmime:
Leb wohl! Ich nehm mir eine Legitime!

Leb, Magdalene, wohl! Du konntest packen,
wenn du mich mochtest, bis ich grün und blau.
Geliebtendämmerung. Der Mond der weißen Backen
verdämmert sacht. Jetzt hab ich eine Frau.
Leb, Lotte, wohl! Dein kleiner fester Nacken
ruht itzt in einem andern Liebesbau . . .
Lebt alle wohl! Muss ich von Kindern lesen:
Ich schwör sie ab. Ich bin es nicht gewesen.

Nur eine bleibt mir noch in Ehezeiten –
in dieser Hinsicht ist die Gattin blind –,
Dein denk ich noch in allen Landespleiten:
Germania! gutes, dickes, dummes Kind!
Wir lieben uns und maulen und wir streiten
und sind uns doch au fond recht wohlgesinnt . . .
Schlaf nicht bei den Soldaten! Das setzt Hiebe!
Komm, bleib bei uns! Du meine alte Liebe –!

Mikrokosmos

Dass man nicht alle haben kann –!
Wie gerne möcht ich Ernestinen
als Schemel ihrer Lüste dienen!
Und warum macht mir Magdalene,
wenn ich sie frage, eine Szene?
Von jener Lotte ganz zu schweigen –
ich tät mich ihr als Halbgott zeigen.
Doch bin ich schließlich 1 Stück Mann . . .
Dass man nicht alle haben kann –!

Gewiss: das Spiel ist etwas alt.
Ich weiß, dass zwischen Spree und Elbe
das Dramolet ja stets dasselbe,
doch denk ich alle, alle Male:
entfern ich diesmal nur die Schale –
was wird sich deinen Blicken zeigen?
Was ist, wenn diese Lippen schweigen?
Nur diesmal greift's mich mit Gewalt . . .
(Gewiss: das Spiel ist etwas alt.)

Dass man nicht alle haben kann –!
Das lässt sich zeitlich auch nicht machen . . .
Ich weiß, jetzt wirst du wieder lachen!
Ich komm doch stets nach den Exzessen
zu dir und kann dich nicht vergessen.
So gib mir denn nach langem Wandern
die Summe aller jener andern.
Sei du die Welt für einen Mann . . .
weil er nicht alle haben kann.

LÖWENLIEBE

Als jener junge Schopenhauer
am Löwenkäfig in Berlin
der gelben Bestien Wollustschauer
sah stumm an sich vorüberziehn –

da schrieb er auf in seinem Büchlein:
»Der Löwe liebt nicht vehement.
Von Leidenschaft auch nicht ein Rüchlein;
der schwächste Mann scheint mehr potent.«

Der Wille macht noch kein Gewitter.
Gehirn! Gehirn gehört dazu.
Der muskelstarke Eisenritter
gibt bald im Frauenschoße Ruh.

Du liebst. Und heller noch und wacher
fühlt dein Gehirn und denkt dein Herz.
Der Phallus ist ein Lustentfacher –
du stehst und schwingst dich höhenwärts.

Du liebst. Wo andre dumpf versinken,
bist du erst tausendfältig da.
Lass mich aus tausend Quellen trinken,
du Venus Reflectoria –!

Berauscht – ach, dass ich's stets so bliebe!
Getönt, bewusst, erhöht, gestuft –
Das ist die wahre Löwenliebe.
Du Raubtierfrau!
Es ruft. Es ruft.

Auf ein Kind

Du lebst noch nicht.
Ich seh dich so lebendig:
ein kleiner gelber Schopf, die Augen blau;
ich seh dich an und such beständig
die Züge einer lieben Frau.

Du kreischst und jauchzst schon laut in deinen Kissen;
du bist so frisch und klar und erdenhaft.
Du brauchst es nicht wie ich zu wissen,
was Zwiespalt ist, der Leiden schafft.

Der ist dahin. Schrei du aus voller Lunge
und schüttle deine runde, kleine Faust!
Sei froh! Sieh auf die Mutter, Junge –
sie ist so hell, auch wenn ein Sturmwind braust.

Hör ihre Stimme nur: gleich weht's gelinder.
Setz du sie fort. Was bin denn ich allein?
Wir Menschen sind doch stets die alten Kinder:
ich war es nicht – mein Sohn, der soll es sein.
Du sollst es sein!

Und kommst du einst zum Leben:
Du sollst es sein! Ich hab es nicht gekonnt.
Gib du, was deiner Mutter Arme geben:
Leucht uns voran!
Du bist so blond.

Wider die Liebe

Die brave Hausfrau liest im Blättchen
von Lastern selten dustrer Art,
vom Marktpreis fleißiger Erzkokettchen,
vom Lustgreis auch mit Fußsackbart.

Mein Gott, denkt sich die junge Gattin,
mein Gott! welch ein Spektakulum!
»Das schlanke Frauenzimmer hat ihn . . . «
Ja was? Sie bringt sich reinweg um.

O Frau! Die Phantasie hat Grenzen,
sie ist so eng – es gibt nicht viel.
Nach wenigen Touren, wenigen Tänzen
ist's stets das alte, gleiche Spiel.

Der liebt die Knaben. Dieser Ziegen.
Die will die Männer laut und fett.
Die mag bei Seeoffizieren liegen.
Und der geht nur mit sich ins Bett.

Hausbacken schminkt sich selbst das Laster.
Sieh hin – und Illusionen fliehn.
Es gründen noch die Päderaster
›Verein für Unzucht, Sitz Berlin‹.

Was kann der Mensch denn mit sich machen!
Wie er sich anstellt und verrenkt:
Was Neues kann er nicht entfachen.
Es sind doch stets dieselben Sachen . . .
Geschenkt! Geschenkt!

Marke: Essig

Dem Chef der Heeresleitung
Was des Nachts in Nepplokalen
dir die Kellner leis empfahlen –
was dir scheußlich süßlich schmeckt:
das ist – Mumm ist allzu teuer –
das ist mit der Stempelsteuer
deutscher Sekt, deutscher Sekt.

Was aus Scham vorm Etikette
in die weißliche Serviette
scheu der Oberkellner steckt –
das ist – weiß man denn, was drin is'? –
Leibgetränk vom Hause Stinnes:
deutscher Sekt, deutscher Sekt.

Eisgekühlt und innen hitzig.
Falsche Kohlensäure. Spritzig.
Hinterhältig. Aufgeregt.
Das ist nicht nur ein Getränke.
Das ist in der Reichswehrschänke
deutscher Seeckt. Deutscher Seeckt.

Die Dame mit 'n Avec

Alle könn sie mir, könn sie mir, könn sie mir!
Huch, die Männer!
Sie sind alle hier, alle hier, alle hier
nischt wie Penner!
Erst da tun sie mächtig fein,
laden mich zum Abend ein.
Und ich kann mich dann nicht halten,
seh ich des Monokels Glanz –:
sag den Jungen und den Alten
grad heraus beim Foxtrott-Tanz:
»Ich hab nu mal den Schwung
ins Ordinäre!
Ick bin die richtige
Berliner Beere!
Und bei der Liebe hopps ick jrade wie bein Zeck
nur übern Rinnstein, Rinnstein, Rinnstein
mit 'n Avec!«

Uffn Koppenplatz, Koppenplatz, Koppenplatz
lief ick lange.
Mitn Sabberlatz, Sabberlatz, Sabberlatz –
'ck wah 'ne Range –!
Und mit vierzehn Jahren schon
ging ich bei die Konfektion.
Das war eine feine Lehre
in dem großen Modenhaus;
und ich machte rasch Karriere,
aber manchmal kommt es raus – –

Ich hab nu mal den Schwung
ins Ordinäre!
Ick bin die richtige
Berliner Beere!
Und bei der Liebe hopps ick jrade wie bein Zeck
nur übern Rinnstein, Rinnstein, Rinnstein
mit 'n Avec!

Fahr ick viere lang, viere lang, viere lang
Eklipage,
sitz ich ersten Rang, ersten Rang, ersten Rang
in Kleidage:
Alle Leute drehn sich rum –
Donner! die ist gar nicht dumm!
Züngelnd sitzt bei mir mein Hündchen.
Autsch! wie mein Brillantschmuck blitzt –
Aber spitze ich mein Mündchen,
weißte gleich, wer vor dir sitzt –!
Ich hab nu mal den Schwung
ins Ordinäre!
Ick bin die richtige
Berliner Beere!
Und bei der Liebe hopps ick jrade wie bein Zeck
nur übern Rinnstein, Rinnstein, Rinnstein
mit 'n Avec!

Silvester

Was fange ich Silvester an?
Geh ich in Frack und meinen kessen
blausanen Strümpfen zu dem Essen,
das Herr Generaldirektor gibt?
Wo man heut nur beim Tanzen schiebt?
Die Hausfrau dehnt sich wild im Sessel –
der Hausherr tut das sonst bei Dressel –,
das junge Volk verdrückt sich bald.
Der Sekt ist warm. Der Kaffee kalt –
Prost Neujahr!
Ach, ich armer Mann!
Was fange ich Silvester an?

Wälz ich mich im Familienschoße?
Erst gibt es Hecht mit süßer Sauce,
dann gibt's Gelee. Dann gibt es Krach.
Der greise Manne selbst wird schwach.
Aufsteigen üble Knatschgerüche.
Der Hans knutscht Minna in der Küche.
Um zwölf steht Rührung auf der Uhr.
Die Bowle –! (›Leichter Mosel‹ nur –).
Prost Neujahr!
Ach, ich armer Mann!
Was fange ich Silvester an?

Mach ich ins Amüsiervergnügen?
Drück ich mich in den Stadtbahnzügen?
Schrei ich in einer schwulen Bar:
»Huch, Schneeballblüte! Prost Neujahr –!«
Geh ich zur Firma Sklarz Geschwister –
(Nein, nein – ich bin ja kein Minister!)
Bleigießen? Ist's ein Fladen klein:
Dies wird wohl Deutschlands Zukunft sein . . .
Prost Neujahr!
Helft mir armem Mann!
Was fang ich bloß Silvester an –?

(Einladungen dankend verbeten.)

Meeting

Das ist nun so.
Je freier und je nackter,
je mehr enthüllt das Herz sich. Offen liegt
beim Boxen und beim Lieben der Charakter
des Partners, der dich hüllenlos besiegt.

Die Trainer schreien. »Zeit!« Ihr streckt die Hände.
Ihr seid ein Knäul. Ein Wille. Ein Duett.
Die strengen Regeln treibens bis zum Ende
beim Boxen, liebe Frau, und auch im Bett.

Wie schön zu kämpfen und sich zu umfassen.
Da noch ein Druck und da ein Untergriff.
Und dann betäubt sich leise treiben lassen ...
Der Richter gibt den ersten Pausenpfiff.

Der nächste Gang. So gib, du, gib dein Letztes.
Ich fühle lebensnahe, glatte Haut ...
Aus Tiefen springt dein Herzblut, und dann netzt es
mich weich – wie bist du mir vertraut!

Wo bist du, Welt?
Die Erde soll versinken.
Es hüllt der Kampf uns, tief bewusstlos, ein.
Und meine trocknen Lippen wollen trinken.
Ich hasse dich. Doch du musst bei mir sein.

Die Gruppe löst sich.
Und die Trainer wettern.
Der Richter winkt. Das Publikum kann gehn.
Und morgen steht's in allen großen Blättern:
»Jolanthe/Tiger –
Ausgang: 10 zu 10.«

Berliner Liebe

Steht dir der Sinn nach Liebe in den Orten
Westend bis Köpenick:
dann senk den Blick
und unterscheide im Objekte die drei Sorten:
Da gibt es Frauen mit den Scheitelhaaren,
gepunztes Silber auf dem falschen Busen,
teils im Reformkleid, teils in Eigenblusen,
die einmal – ach, wie weit! – fast reinlich waren
(jetzt dunkelweiß).
Bei Sturm und Regen
gehn diese gern durch Wald und Flur allein,
das Lodenhütchen keck auf einem Ohre,
und sprechen mit sich selbst und mit Tagore . . .
Soll die es sein –?
Sie sagen Feuilletons, eh man sie legt.
Sie sind sehr edel.
Aber nicht gepflegt.

Da gibt es solche, unten rum aus Seide,
im samtnen Mantel mit dem Waschbärkragen –
nach ihren Eltern musst du sie nicht fragen.
Sie ist euch treu – und so liebt ihr drei beide.
Groß ausgehn nennt der Fachmann dein Getue.
Führ sie ins Kino, ins Theater ein!
Sie tanzt den neusten Schritt, kennt alle Paare,
hat jeden Monat frischgefärbte Haare . . .
Soll die es sein –?
Sie spricht nicht viel.
Doch was sie spricht, ist Kitt.
Und sie nimmt alle süßen Ecken mit.

Willst du die Jüngerin Thaliens küren?
Sie offenbart, wenn sie mit dir im Bund ist,
was ihr Direktor für ein Schweinehund ist:
er wollt sie alle in Versuchung führen –
Das tät sie nie. (Fast nie.)
Es rinnt die Rede:
Von Proben, Premerieen, Klatscherein –
sie meistere Spiel und Sprache wie nur wenige,
sie spiele Olala und Iphigenie . . .
Soll die es sein –?
Beim Papa Rickelt! Süß in allen Phasen:
Sie liebt.
Und bringt dich zeitig untern Rasen.

So geh, du Liebeswanderer, von Haus zu Haus.
Berlin ist groß.
Nun such dir eine aus!

SCHICKSALSLIED

Bald fehlt uns der Wein –
Bald fehlt uns der Becher.

Hebbel

Gehst du abends spät nach Hause,
nasskalt, müde nach der Klause –
musst du heimwärts hinken?
Dafür hast du keinen Faible,
und du lugst durch blauen Nebel,
wo zwei Lichter blinken.
Und da rattert's. »Holla, Kutscher!« Der sieht gar nicht hin.
Kommt schon mal ne leere Droschke – dann sitzt einer drin!

Dieses scheint mir allegorisch.
Eine liebt ich dilatorisch.
Wartete sechs Wochen.
Endlich kehrt sie heim zu Muttern.
Darf ich dich mit Liebe futtern?
Hör mein Herzlein pochen!
Doch sie lächelt. »In acht Monden bin ich Wöchnerin!«
Kommt schon mal ne leere Droschke – dann sitzt einer drin!

Neuer Chef im Amt. Wie ist er?
Kabinettssturz. Die Minister
gehen, kommen, wechseln.
Heut auf schwarz-weiß-roten Kissen,
morgen durch die Brust geschossen –
Lass sie Noten drechseln!
Dies, mein Sohn, in einem Satze ist des Lebens Sinn:
Kommt schon mal ne leere Droschke – dann sitzt einer drin!

Abschiedsgesang

Dies siehst du häufig auf den Straßen:
Im Auto vor den Sektterrassen
schwimmt mild ein Fettkloß in dem Wagen –
Beruf: Nie sollst du mich befragen.
Der Motor surrt. Das Fett, es zittert.
Sieh da: es hat sich ausgewittert
mit Bolschewismus, mit Verträgen –
es wird sich alles wieder legen.
Der Dicke strahlt. Er ist der Alte . . .
Der ganze Bauch ist eine Falte!

Und kennst du seine Weiblichkeiten?
Wer wagt, den Liebreiz zu bestreiten
der jungen Mädchen aus dem Osten,
indem, dass sie so ville kosten?
»Der Stein is Tineff!« haucht sie lind.
»Und der – der will mein Schklave sind?«
Als deiner anderswo gefeiert,
mein Kind, hast du dich entgeschleiert,
so tief, dass ich nach hinten prallte . . .
Der ganze Bauch war eine Falte!

Und das soll alles ich verlassen?
Berlin – ich kann es noch nicht fassen!
Du süße Stadt – ich komme wieder
und pfeif aufs neue deine Lieder.
Inzwischen, Liebste, lass mich gehn,
bleib hübsch gesund und lass mir stehn
die Lektrische, die Schutzmannschaft,
den Reichstag, die Germanenkraft,
die Kinos und die Landgerichte,
die Presse mit dem Weisheitslichte.
Ich ab.
Und griene: »Dass dich Gott erhalte –!«
Der ganze Bauch ist eine Falte.

An die Berlinerin

Mädchen, kein Casanova
hätte dir je imponiert.
Glaubst du vielleicht, was ein doofer
Schwärmer von dir phantasiert?
Sänge mit wogenden Nüstern
Romeo, liebesbesiegt,
würdest du leise flüstern:
»Woll mit die Pauke jepiekt –?«
Willst du romantische Feste,
gehst du beis Kino hin . . .
Du bist doch Mutterns Beste,
du, die Berlinerin –!

Venus der Spree – wie so fleißig
liebst du, wie pünktlich dabei!
Zieren bis zwölf Uhr dreißig,
Küssen bis nachts um zwei.
Alles erledigst du fachlich,
bleibst noch im Liebesschwur
ordentlich, sauber und sachlich:
Lebende Registratur!
Wie dich sein Arm auch presste:
gibst dich nur her und nicht hin.
Bist ja doch Mutterns Beste,
du, die Berlinerin –!

Wochentags führst du ja gerne
Nadel und Lineal.
Sonntags leuchten die Sterne
preußisch-sentimental.

Abschiedsgesang

Dies siehst du häufig auf den Straßen:
Im Auto vor den Sektterrassen
schwimmt mild ein Fettkloß in dem Wagen –
Beruf: Nie sollst du mich befragen.
Der Motor surrt. Das Fett, es zittert.
Sieh da: es hat sich ausgewittert
mit Bolschewismus, mit Verträgen –
es wird sich alles wieder legen.
Der Dicke strahlt. Er ist der Alte . . .
Der ganze Bauch ist eine Falte!

Und kennst du seine Weiblichkeiten?
Wer wagt, den Liebreiz zu bestreiten
der jungen Mädchen aus dem Osten,
indem, dass sie so ville kosten?
»Der Stein is Tineff!« haucht sie lind.
»Und der – der will mein Schklave sind?«
Als deiner anderswo gefeiert,
mein Kind, hast du dich entgeschleiert,
so tief, dass ich nach hinten prallte . . .
Der ganze Bauch war eine Falte!

Und das soll alles ich verlassen?
Berlin – ich kann es noch nicht fassen!
Du süße Stadt – ich komme wieder
und pfeif aufs neue deine Lieder.
Inzwischen, Liebste, lass mich gehn,
bleib hübsch gesund und lass mir stehn
die Lektrische, die Schutzmannschaft,
den Reichstag, die Germanenkraft,
die Kinos und die Landgerichte,
die Presse mit dem Weisheitslichte.
Ich ab.
Und griene: »Dass dich Gott erhalte –!«
Der ganze Bauch ist eine Falte.

An ihr

Auf deinen großen Füßen, Ernestine,
Führ ich dich auf den neuen Presseball.
Du trägst Chiffon. Und deine Fragemiene
Ist überall.

»Der Legationsrat?« – Ja, mein Kind, das ist er!
»Du, der da? mit dem goldenen Knopflochdings?
Und, Theo, wo – wo tanzt der Herr Minister?«
Von rechts nach links.

»Und, Theo, ist die Presse auch am Platze?«
Ja, Kind – der Handelsteil steht am Balkon.
Da die Kritik – und der da, mit der Glatze –
Das ist das Feuilleton!

»Und, Theo, kommt der Film auch in den Saal hin?
Auf Conny Veidt bin ich ganz scharf und toll!«
Pst! Nicht so laut! Da steht doch die Gemahlin:
Die Gussy Holl!

So muss ich dich belehren, liebste Perle.
Und voller Neugier siehst du manch Gesicht.
Ach, Ernestine – du liebst lauter fremde Kerle –
Nur Tigern nicht.

Blick in die Zukunft

Du schläfst bei mir. Da plötzlich, in der
Nacht, du liebe Dame,
Bist du mit einem Laut mir jäh erwacht –
War das ein Name?

Ich horche. Und du sagst es noch einmal –
im Halbschlaf: »Leo . . . «
Bleib bei der Sache, Göttin meiner Wahl!
Ich heiße Theo.

Noch bin ich bei dir. Wenn die Stunde
naht, da wir uns trennen:
Vielleicht lernt dich dann ein Regierungs-
rat im Teeraum kennen.

Und gibst du seinen Armen nachts dich preis,
den stolzen Siegern: –
Dann flüstre einmal meinen Namen leis
und denk an Tigern.

An die Berlinerin

Mädchen, kein Casanova
hätte dir je imponiert.
Glaubst du vielleicht, was ein doofer
Schwärmer von dir phantasiert?
Sänge mit wogenden Nüstern
Romeo, liebesbesiegt,
würdest du leise flüstern:
»Woll mit die Pauke jepiekt –?«
Willst du romantische Feste,
gehst du beis Kino hin . . .
Du bist doch Mutterns Beste,
du, die Berlinerin –!

Venus der Spree – wie so fleißig
liebst du, wie pünktlich dabei!
Zieren bis zwölf Uhr dreißig,
Küssen bis nachts um zwei.
Alles erledigst du fachlich,
bleibst noch im Liebesschwur
ordentlich, sauber und sachlich:
Lebende Registratur!
Wie dich sein Arm auch presste:
gibst dich nur her und nicht hin.
Bist ja doch Mutterns Beste,
du, die Berlinerin –!

Wochentags führst du ja gerne
Nadel und Lineal.
Sonntags leuchten die Sterne
preußisch-sentimental.

Denkst du der Maulwurfstola,
die dir dein Freund spendiert?
Leuchtendes Vorbild der Pola!
Wackle wie sie geziert.
Älter wirst du. Die Reste
gehn mit den Jahren dahin.
Lass die mondäne Geste!
Bist ja doch Mutterns Beste,
du süße Berlinerin –!

„Mutta, wat kochste?" - „Wäsche!" - „Schmeckt det jut?"

Letzte Fahrt

An meinem Todestag – ich werd ihn nicht erleben –
da soll es mittags Rote Grütze geben,
mit einer fetten, weißen Sahneschicht ...
Von wegen: Leibgericht.

Mein Kind, der Ludolf, bohrt sich kleine Dinger
aus seiner Nase – niemand haut ihm auf die Finger.
Er strahlt, als einziger, im Trauerhaus.
Und ich lieg da und denk: »Ach, polk dich aus!«

Dann tragen Männer mich vors Haus hinunter.
Nun fasst der Karlchen die Blondine unter,
die mir zuletzt noch dies und jenes lieh ...
Sie findet: Trauer kleidet sie.

Der Zug ruckt an. Und alle Damen,
die jemals, wenn was fehlte, zu mir kamen:
vollzählig sind sie heut noch einmal da ...
Und vorne rollt Papa.

Da fährt die erste, die ich damals ohne
die leiseste Erfahrung küsste – die Matrone
sitzt schlicht im Fond, mit kleinem Trauerhut.
Altmodisch war sie – aber sie war gut.

Und Lotte! Lottchen mit dem kleinen Jungen
Briefträger jetzt! Wie ist mir der gelungen?
Ich sah ihn nie. Doch wo er immer schritt:
mein Postscheck ging durch sechzehn Jahre mit.

Auf rotem samtnen Kissen, im Spaliere,
da tragen feierlich zwei Reichswehroffiziere
die Orden durch die ganze Stadt
die mir mein Kaiser einst verliehen hat.

Und hinterm Sarg mit seinen Silberputten,
da schreiten zwoundzwonzig Nutten –
sie schluchzen innig und mit viel System.
Ich war zuletzt als Kunde sehr bequem.

Das Ganze halt! Jetzt wird es dionysisch!
Nun singt ein Chor: Ich lächle metaphysisch.
Wie wird die schwarzgestrichne Kiste groß!
Ich schweige tief.
Und bin mich endlich los.

SCHAUFENSTERMORAL

Wir haben im Land eine Polizei,
die hat weiter nichts zu tun,
als nachzuschnuppern, wie das wohl sei
unter Seide und unter Kattun.
Sie konfisziert, damit nichts entschlüpft,
Gummi-Zeug, Tizian und Film.
Der Brunner pfeift, und der Richter hüpft –
ganz wie unter Kaiser Wilm.

Vor dem Schaufenster steht ein einsamer Mann,
ein moralischer Fetischist.
Die ganze Erotik geht ihn nichts an,
weil er Selbstversorger ist.
Und er sieht da Zigarettenetuis
mit Busen und sonst noch was
und kitschigen Damen im Paradies . . .
Und der Mann hat Sehnsucht und keinen Kies –
und daher ärgert ihn das.

Und er meldet's.
Und aus den Gebüschen bricht
Staatsanwalt, Akademie,
Polizeipräsidium und Amtsgericht –:
alles von wegens Etui.
In Berlin brechen nächtlich hundert Mann ein,
und der Wucher ist völlig immun.
Aber darum bekümmert sich kein Schwein . . .
O Herr! Vergib den Behörden dein!
Denn sie wissen nicht, was sie tun –!

Auf ein Frollein

Gott Amor zieht die Pfeile aus dem Köcher,
er schießt. Ich bleib betroffen stehn.
Und du machst so verliebte Nasenlöcher ...
Da muss ich wohl zum Angriff übergehn.

»Gestatten Sie ... !« Du kokettierst verständig.
Dein Auge prüft den dicken Knaben stumm.
Das ganze Kino wird in dir lebendig,
du wackelst vorn und wackelst hinten rum.

In deinem Blick sind alle Bumskapellen
der Sonnabendabende, wo was geschieht.
Ich hör dich Butterbrot zum Aal bestellen –
Gott segne deinen lieben Appetit!

Ich führ dich durch Theater und Lokale,
durch Paradiese in der Liebe Land;
du gibst im Auto mir mit einem Male
die maniküre, kleine, dicke Hand.

Aus weiten Hosen seh ich dich entblättern,
halb keusche Jungfrau noch und halb Madame.
Ich lass dich sachte auf die Walsatt klettern ...
Du liebst gediegen, fest und preußisch-stramm.

Und hinterher bereden wir im Dunkeln
die kleinen Kümmernisse vom Büro.
Durch Jalousien die Bogenlampen funkeln ...
Du musst nach Haus. Das ist nun einmal so.

Ich weiß. Ich weiß. Schon will ich weiterschieben –.
Ich weiß, wie die Berliner Venus labt.
Und doch: noch einmal lass mich lieben
dich wie gehabt.

DIE MÜHLE

(Für Gussy Holl)

Zum erhabenen Brahma
betet jeder Lama
weit in Tibet ein Gebet.
Sitzt da im Gestühle
und dreht an einer Mühle,
die zum Beten vor ihm steht.
Uralt Wort vom Priestertum:
»Om – mani – padme – hum!«

Hier bei uns zu Lande
am unsichtbaren Bande
jeder solche Mühle schleppt.
Mancher will nur beten
zu den Papiermoneten,
bis ihn die Devise neppt.
Stets zählt er sein Eigentum . . .
Om – mani – padme – hum!

Mancher sieht nur Weiber
Brüste nur und Leiber –
keine, keine lässt ihn still.
Taumelt durch die Nächte,
dass er die Frauen schwächte,
weil die Mühle es so will.
Der kennt nur ein Heiligtum . . .
Om – mani – padme – hum –

Mancher stelzt wie'n Gockel
und klemmt sich das Monokel
ein – und betet nur zum Heer.
Will den Kerls was pfeifen
und seine Deutschen schleifen

und wünscht sich einen Weltkrieg her.
»Nieder mit dem Judentum!
Om – mani – padme – hum!«

Also drehn verdrossen
alle Zeitgenossen
immer ihre Mühle rum.
Jeder hat die seine,
und jeder dreht nur eine
Walze lebenslänglich um.
Was sind Schönheit, Geld und Ruhm –?
Om – mani – padme – hum.

Auf eigenen Beinen
„Ach wat – müde – tragen – dir ärgert bloß, det ick dir habe loofen jelernt!"

An einen Bonzen

Einmal waren wir beide gleich.
Beide: Proleten im deutschen Kaiserreich.
Beide in derselben Luft,
beide in gleicher verschwitzter Kluft;
dieselbe Werkstatt – derselbe Lohn –
derselbe Meister – dieselbe Fron –
beide dasselbe elende Küchenloch . . .
Genosse, erinnerst du dich noch?

Aber du, Genosse, warst flinker als ich.
Dich drehen – das konntest du meisterlich.
Wir mussten leiden, ohne zu klagen,
aber du – du konntest es sagen.
Kanntest die Bücher und die Broschüren,
wusstest besser die Feder zu führen.
Treue um Treue – wir glaubten dir doch!
Genosse, erinnerst du dich noch?

Heute ist das alles vergangen.
Man kann nur durchs Vorzimmer zu dir gelangen.
Du rauchst nach Tisch die dicken Zigarren,
du lachst über Straßenhetzer und Narren.
Weißt nichts mehr von alten Kameraden,
wirst aber überall eingeladen.
Du zuckst die Achseln beim Hennessy
und vertrittst die deutsche Sozialdemokratie.

Du hast mit der Welt deinen Frieden gemacht.
Hörst du nicht manchmal in dunkler Nacht
eine leise Stimme, die mahnend spricht:
»Genosse, schämst du dich nicht –?«

Deutsches Lied

Blasse Kinder auf dem Hof
(Nebenstraße – Westen)
machen einen kleinen Schwof
neben Müllschuttkästen.
Käse-Teint und bleicher Schopf.
Dürftiges Grün im Blumentopf
auf zwei Fensterbrettern.
Und die Stimmchen klettern:
»Kaserne! Kaserne!
Sonne, Mond und Sterne!
Achtung! Richtung! Vordermann!
Du – bist – dran –!«

Tief geduckt im Ziegelbau
hinter wuchtigen Laden
sitzen krumm, in Kitteln blau,
unsre Kameraden.
Staatsanwalt, der schikaniert,
Wärter, der sie malträtiert.
Ihre Stimmen leiern
in Preußen und in Bayern:
»Kaserne! Kaserne!
Sonne, Mond und Sterne!
Achtung! Richtung! Vordermann!
Du – bist – dran –!«

Deutscher Gram und deutsches Leid.
Ämter ohne Ende.
Wucher, den ein Staat gefeit,
und immer graue Wände.
Wir sind schuld. Ein Schrei, der gellt.
Aber draußen liegt die Welt.
Wir sind ganz alleine.
Und hören nur dies eine.
»Kaserne! Kaserne!
Sonne, Mond und Sterne!
Achtung! Richtung! Vordermann!
Du – bist – dran –!«

JENER

»Was haben Sie eigentlich gegen ihn?
Er ist diskret und stets bescheiden.
Er hat doch alle Sympathien –
was woll'n Sie uns den Mann verleiden?«

Ja, gegen Wilhelm ist er Gold.
Das will nun aber nichts besagen.
Dass jedermann ihm Achtung zollt,
bedeutet: er ist leicht zu tragen.

Und so bequem. Ist das ein Mann
der Republik? Ein Mann der Massen,
daraus er stammt? Sehn Sie sich's an:
Er kann von aller Herkunft lassen.

Ich weiß: man kann nicht immer so.
Ich weiß: er soll repräsentieren.
Ich weiß: abhängig vom Büro . . .
die Position . . . er muss paktieren . . .

Der Arbeiter sah hoffnungsvoll
auf seinen Mann. Dem wollt er dienen.
In langen Jahren wuchs der Groll:
»Einer von uns? Einer von ihnen!«

Vergessen, was man lebenslang
für die Genossen schön gepredigt?
Ein Gang die Reichswehrfront entlang –
und Marx und Bebel sind erledigt.

Sechs Jahr kein Wort, das uns bewegt.
Kein Wort für die in den Fabriken.
Kein Wort, das unsre Zeit erregt –
nur Gehrock, Messen und Musiken.

Ein wahres Herz verliert sich nie.
Der ist den breiten Weg gegangen.
Wie die Partei. Er ist wie sie.
Man darf wohl nicht zu viel verlangen.

„Mutta, Globig's Juste backt ejal Nasenpopel in de Torte,
se sagt, se is een Herrschaftskind!"
„Na – wenn't ihr man schmeckt!"

Der Geschlechtslose

Ich habe keine Zeugungsglieder.
Ich bin kein Mann – das steht mal fest.
Mir ist der Umsturz sehr zuwider –
ich hasse Lenin wie die Pest.

Was auch geschieht, ich respektiere
die Uniform voll Bürgersinn.
Und treten mich die Untroffziere,
so schmerzt mich nur, dass ich es bin.

Mich zieren keine runden Brüste.
Ich bin kein Weib – das ist mal klar.
Wer mich im Kompromiss auch küsste:
noch nie geschah's, dass ich gebar.

An alle hab ich mich verloren,
ich gab mich allen einmal hin.
Wie kommt's, dass die zum Sieg erkoren,
und dass ich stets der Dumme bin?

Was ist es nur –?
Ich seh mein Leibchen
im Spiegel an, und in der Tat:
Ich bin kein Männchen und kein Weibchen –
ich bin ein deutscher Demokrat.

MEDITATION

Möchtest du, mein Goldkind, einen Knaben?
Hier im Buche steht, dass man bestimmt
sie so kriegen kann, wie man sie haben
will, wenn man's methodisch unternimmt.

Gott, ein Junge hat ja viel auf Erden.
Er wird mannbar und Regierungsrat.
Geht es schief, dann kann er Richter werden
oder gutgesinnter Demokrat.

Halt! Tu's nicht! Du nimmst da eine Nährpflicht
auf dich ohne jeden Hoffnungsstrahl.
Bald hat Deutschland seine alte Wehrpflicht,
und dann wird er Menschenmaterial.

Oder möchtest du eine Knabine –?
Abdenitten? Immer so dewest?
Sucht ein Bankdirektor nach Titine,
erntest du doch, was du heute säest.

Halt! Tu's nicht! Mit fünfundfünfzig Jahren
da verknallt sie sich in den Chauffeur.
Scheidung, Krach, Tragödie . . . wir ersparen
ihr und ihm wohl lieber das Malheur.

Ja, was nun? Ich bleibe gern im Ruhstand.
Kriege keine! Lass sie lieber da!
Lass es ruhig bei dem alten Zustand!
Und bleib kinderlos!
Wie dein Papa!

Mal singen, Leute –!

(Für Kate Kühl)

Der Seemann schifft ins Meer hinaus,
ihm ist so leicht zu Sinn.
Marie weint sich die Augen aus –
er segelt rasch dahin.
Er sitzt in der Kombüse
und stochert im Gemüse.
und denkt sich: Wenn's Marie nicht ist, na, dann ist's eine Negerin . . .
Der hat
in jeder Stadt 'ne Braut –!
Die erste für die Seele,
die zweite fürs Gemüt;
die dritte wegen Hoppeldibopp –
auf Nacht, wenn's keiner sieht!

Mein Freund, dass du geheirat' hast,
das will mir gar nicht ein.
Dein Stück Malheur ist eine Last!
Komm, wirf sie in den Rhein!
Er sagt: »Ich wünscht, ich kann es!
Wem sagst du das, Johannes!
Ich denk so oft, wenn die Alte schnarcht: Ach, wär ich jetzt allein!«
Ich hätt
in jeder Stadt 'ne Braut –!
Die erste für die Seele,
die zweite fürs Gemüt;
die dritte für das Hoppeldibopp –
auf Nacht, wenn's keiner sieht!

Mensch, unser Gustav Stresemann
das ist wohl ein Filou!
Er meiert sich bei jedem an
und singt was Schöns dazu.
Er steht am Wasserglase
und redet durch die Nase,
mal rechts durchs Loch, mal links durchs Loch – der Junge ist atout!
Der hat
in jeder Stadt 'ne Braut –!
Die erste für die Seele,
die zweite fürs Gemüt;
die dritte für das Hoppeldibopp –
auf Nacht, wenn's keiner sieht!

Das macht der Reiz seines Angesichts!
Und die eine weiß von der andern nichts,
dass er ihr Programm geklaut!
In jeder Stadt
in jeder Stadt
in jeder Stadt 'ne Braut –!

Frauen von Freunden

Frauen von Freunden zerstören die Freundschaft.
Schüchtern erst besetzen sie einen Teil des Freundes,
nisten sich in ihm ein,
warten,
beobachten, und nehmen scheinbar teil am Freundesbund.

Dies Stück des Freundes hat uns nie gehört –
wir merken nichts.
Aber bald ändert sich das:
Sie nehmen einen Hausflügel nach dem andern,
dringen tiefer ein,
haben bald den ganzen Freund.

Der ist verändert; es ist, als schäme er sich seiner Freundschaft.
So, wie er sich früher der Liebe vor uns geschämt hat,
schämt er sich jetzt der Freundschaft vor ihr.
Er gehört uns nicht mehr.
Sie steht nicht zwischen uns – sie hat ihn weggezogen.

Er ist nicht mehr unser Freund:
er ist ihr Mann.

Eine leise Verletzlichkeit bleibt übrig.
Traurig blicken wir ihm nach.

Die im Bett behält immer Recht.

Ruhe und Ordnung

Wenn Millionen arbeiten, ohne zu leben,
wenn Mütter den Kindern nur Milchwasser geben –
das ist Ordnung.
Wenn Werkleute rufen: »Lasst uns ans Licht!
Wer Arbeit stiehlt, der muss vors Gericht!«
Das ist Unordnung.

Wenn Tuberkulöse zur Drehbank rennen,
wenn dreizehn in einer Stube pennen –
das ist Ordnung.
Wenn einer ausbricht mit Gebrüll,
weil er sein Alter sichern will –
das ist Unordnung.

Wenn reiche Erben im Schweizer Schnee
jubeln – und sommers am Comer See –
dann herrscht Ruhe.
Wenn Gefahr besteht, dass sich Dinge wandeln,
wenn verboten wird, mit dem Boden zu handeln –
dann herrscht Unordnung.

Die Hauptsache ist: Nicht auf Hungernde hören.
Die Hauptsache ist: Nicht das Straßenbild stören.
Nur nicht schrein.
Mit der Zeit wird das schon.
Alles bringt euch die Evolution.
So hat's euer Volksvertreter entdeckt.
Seid ihr bis dahin alle verreckt?
So wird man auf euern Gräbern doch lesen:
sie sind immer ruhig und ordentlich gewesen.

Gefühle

Kennen Sie das Gefühl: ›déjà vu‹ –?
Sie gehen zum Beispiel morgens früh,
auf der Reise, in einem fremden Ort
von der kleinen Hotelterrasse fort,
wo die andern alle noch Zeitungen lesen.
Sie sind niemals in dem Dorf gewesen.
Da gackert ein Huhn, da steht eine Leiter,
und Sie fragen – denn Sie wissen nicht weiter –
eine Bauersfrau mit riesiger Schute . . .
Und plötzlich ist Ihnen so zumute
– wie Erinnerung, die leise entschwebt –:

Das habe ich alles schon mal erlebt.

Kennen Sie das Hotelgefühl –?
Sie sitzen zu Hause. Das Zimmer ist kühl.
Der Tee ist warm. Die Reihen der Bücher
schimmern matt. Das sind Ihre Leinentücher,
Ihre Tassen, Ihre Kronen –
Sie wissen genau, dass Sie hier wohnen.
Da sind Ihre Kinder, Ihre Alte, die gute –
Und plötzlich ist Ihnen so fremd zumute:

Das gehört ja alles gar nicht mir . . .
Ich bin nur vorübergehend hier.

Kennen Sie . . . das ist schwer zu sagen.
Nicht das Hungergefühl. Nicht den leeren Magen.
Sie haben ja eben erst Frühstück gegessen.
Sie dürfen arbeiten, für die Interessen
des andern, um sich Brot zu kaufen
und wieder ins Büro zu laufen.
Hunger nicht.
Aber ein tiefes Hungern
nach allem, was schön ist: nicht immer so lungern –

auch einmal ausschlafen – reisen können –
sich auch einmal Überflüssiges gönnen.
Nicht immer nur Tag-für-Tag-Arbeiter,
ein bisschen mehr, ein bisschen weiter . . .
Sein Auskommen haben, jahraus, jahrein . . . ?
Es ist alles eine Nummer zu klein.
Hunger nach Farben, nach der Welt, die so weit –
Kurz: das Gefühl der Popligkeit.

Eine alte, ewig böse Geschichte.
Aber darüber macht man keine Gedichte.

„*Vater und Mutter hab' ick nich jekannt.*"
„*Geht dir denn det so zu Herzen?*"
„*Na und ob…! Ick kann doch vor Jericht nich beweisen,
det ick erblich belastet bin…!*"

Zweifel

Ich sitz auf einem falschen Schiff.
Von allem, was wir tun und treiben,
und was wir in den Blättern schreiben,
stimmt etwas nicht: Wort und Begriff.

Der Boden schwankt. Wozu? Wofür?
Kunst. Nicht Kunst. Lauf durch viele Zimmer.
Nie ist das Ende da. Und immer
stößt du an eine neue Tür.

Es gibt ja keine Wiederkehr.
Ich mag mich sträuben und mich bäumen,
es klingt in allen meinen Träumen:
Nicht mehr.

Wie gut hat es die neue Schicht.
Sie glauben. Glauben unter Schmerzen.
Es klingt aus allen tapfern Herzen:
Noch nicht.

Ist es schon aus? Ich warte stumm.
Wer sind die, die da unten singen?
Aus seiner Zeit kann keiner springen.
Und wie beneid ich die, die gar nicht ringen
Die haben's gut.
Die sind schön dumm.

DER SCHLIMMSTE FEIND

Der schlimmste Feind, den der Arbeiter hat,
das sind nicht die Soldaten;
es ist auch nicht der Rat der Stadt,
nicht Bergherrn, nicht Prälaten.
Sein schlimmster Feind steht schlau und klein
in seinen eignen Reihn.

Wer etwas diskutieren kann,
wer einmal Marx gelesen,
der hält sich schon für einen Mann
und für ein höheres Wesen.
Der ragt um einen Daumen klein
aus seinen eignen Reihn.

Der weiß nichts mehr von Klassenkampf
und nichts von Revolutionen;
der hat vor Streiken allen Dampf
und Furcht vor blauen Bohnen.
Der will nur in den Reichstag hinein
aus seinen eignen Reihn.

Klopft dem noch ein Regierungsrat
auf die Schulter: »Na, mein Lieber . . . «,
dann vergisst er das ganze Proletariat –
das ist das schlimmste Kaliber.
Kein Gutsbesitzer ist so gemein
wie der aus den eignen Reihn.

Passt Obacht!
Da steht euer Feind,
der euch hundertmal verraten!
Den Bonzen loben gern vereint
Nationale und Demokraten.
Freiheit? Erlösung? Gute Nacht.
Ihr seid um die Frucht eures Leidens gebracht.
Das macht: Ihr konntet euch nicht befrein
von dem Feind aus den eignen Reihn.

CHANSON

Da ist ein Land – ein ganz kleines Land –
Japan heißt es mit Namen.
Zierlich die Häuser und zierlich der Strand,
zierlich die Liliputdamen.

Bäume so groß wie Radieschen im Mai.
Turm der Pagode so hoch wie ein Ei –
Hügel und Berg
klein wie ein Zwerg.

Trippeln die zarten Gestalten im Moos,
fragt man sich: Was mag das sein?
In Europa ist alles so groß, so groß –
und in Japan ist alles so klein!

Da sitzt die Geisha. Ihr Haar glänzt wie Lack.
Leise duftet die Rose.
Vor ihr steht plaudernd im strahlenden Tag
kräftig der junge Matrose.

Und er erzählt diesem seidenen Kind
davon, wie groß seine Landsleute sind.
Straße und Saal
pyramidal.

Sieh, und die Kleine wundert sich bloß –
denkt sich: Wie mag das wohl sein?
In Europa ist alles so groß, so groß –
und in Japan ist alles so klein!

Da ist ein Wald – ein ganz kleiner Wald –
abendlich dämmern die Stunden.
Horch! wie das Vogelgezwitscher verhallt . . .
Geisha und er sind verschwunden.

Abendland – Morgenland – Mund an Mund –
welch ein natürlicher Völkerschaftsbund!
Tauber, der girrt,
Schwalbe, die flirrt.

Und eine Geisha streichelt das Moos,
in den Augen ein Flämmchen, ein Schein . . .
In Europa ist alles so groß, so groß –
und in Japan ist alles so klein.

Was verdienen unsre Richter?
Sag an, mein Herz, sag an!
Paragraph juhu!
Paragraph juchei!
Wir wissen es ja schon:
Viel hundert Taler im Jahr, mein Herz –
Unsere Liebe.
Vertraun.
Und Pension.

„Der olle Affe kiekt sich immer noch um!"

Das Ideal

Ja, das möchste:

Eine Villa im Grünen mit großer Terrasse,
vorn die Ostsee, hinten die Friedrichstraße;
mit schöner Aussicht, ländlich-mondän,
vom Badezimmer ist die Zugspitze zu sehn –
aber abends zum Kino hast du's nicht weit.

Das Ganze schlicht, voller Bescheidenheit:

Neun Zimmer, – nein, doch lieber zehn!
Ein Dachgarten, wo die Eichen drauf stehn,
Radio, Zentralheizung, Vakuum,
eine Dienerschaft, gut gezogen und stumm,
eine süße Frau voller Rasse und Verve –
(und eine fürs Wochenend, zur Reserve) –,
eine Bibliothek und drumherum
Einsamkeit und Hummelgesumm.

Im Stall: Zwei Ponys, vier Vollbluthengste,
acht Autos, Motorrad – alles lenkste
natürlich selber – das wär ja gelacht!
Und zwischendurch gehst du auf Hochwildjagd.

Ja, und das hab ich ganz vergessen:
Prima Küche – erstes Essen –
alte Weine aus schönem Pokal –
und egalweg bleibst du dünn wie ein Aal.

Und Geld. Und an Schmuck eine richtige Portion.
Und noch ne Million und noch ne Million.
Und Reisen. Und fröhliche Lebensbuntheit.
Und famose Kinder. Und ewige Gesundheit.

Ja, das möchste!

Aber, wie das so ist hienieden:
manchmal scheint's so, als sei es beschieden
nur pöapö, das irdische Glück.
Immer fehlt dir irgendein Stück.
Hast du Geld, dann hast du nicht Käten;
hast du die Frau, dann fehln dir Moneten –
hast du die Geisha, dann stört dich der Fächer:
bald fehlt uns der Wein, bald fehlt uns der Becher.

Etwas ist immer.

Tröste dich.

Jedes Glück hat einen kleinen Stich.
Wir möchten so viel: Haben. Sein. Und gelten.
Dass einer alles hat:
das ist selten.

Lied der Kupplerin

Suchen zwei
nachts um drei –
»Pst« mach ick – »hier is 'n Zimmer frei –!«
Treppe kracht,
in dunkler Nacht –
»He – fall mir keener in den Fahrstuhlschacht!«
Rin ins Zimmer.
Matter Schimmer.
Ick davor.
In 'n Korridor . . .

Jedoch:

Feiern die die Orchideen –
Ick stopp mein'n Mann seine Strümpe.
Ick will den Rummel jahnich sehn –
ick stopp bis frieh um fimfe.
Masochisten,
Homosexwalisten,
frisch jelehrje
Minderjährje
vaitressiern mir nich so sehr
als wie mein Mann seine Strümpe.

Ick sitz stur.
Manchmal nur
Schlägt in unsan Salon die Uhr.
Wäsche bauscht
sich – Wasser rauscht –
ick hör, wie eena Küsskens tauscht.
Da jehts hart auf hart . . .
Matratze knarrt.
Nebenbei
ein doller Schrei –!
na, na . . .

Ich gucke durch keen Schlüsselloch
Ick stopp mein Mann seine Strümpe.

Ick lass sie muddeln noch und noch –
ick stopp bis frieh um fimfe.
Junge Meise
Zittergreise –
Rennbanditen –
Transchvestiten –
lauter Bruch aus 'n Ausverkauf –
wie mein Mann seine Strümpe.

Jahr für Jahr –
det is klar –
horch ick, wat in die Stuben war.
Wie sie sich quäln,
und krakeehln –
mir kann keiner was erzähln.
Neulich kam vorbei
eener von die Polissei.
Und statt Platz zunehm,
sagt er: »Sie soll'n sich was schäm –!«

Nanu –?

Ick bin eine brave Frau –
ick stopp mein Mann seine Strümpe.
Mit die Wirtschaft nehm icks ganz jenau –
ick stopp bis früh um fimfe.
Det Jelichter,
die Bühnendichter,
wat die da schreihm
von unsan Treihm –:
die ham ja keene Ahnung nich
von mein Mann seine Strümpe –!

Subkutan

Ich geh mit etwas weichen Knien
und träumerisch durch ganz Berlin
leicht angeknockt und ein wenig schwach:
ernsten Berufsgeschäften nach.
Der Ordner hieß ›Helvetia‹;
von den Packpapierbogen ist nichts mehr da;
die Lieferung hätten wir noch ergattert –
Telefon schnurrt, Schreibmaschine schnattert . . .
Chinesisch-fett ruht mein Gesicht,
und was gestern war, weiß keiner nicht.

Da gibt es im Märchen einen Zwerg,
der glaubt sich mit allem längst über den Berg;
an einem unbewachten Ort
sagt das Dummchen sein Zauberwort
und tanzt dazu auf einem Bein
und steht nicht an, vor sich hin zu schrein:
»Ach, wie schön, dass niemand weiß,
dass ich Rumpelstilzchen heiß –!«

Vor mir schreibt ein gebeugter Scheitel . . .
Männer sind manchmal bodenlos eitel.
Und in mir gluckert ein Freudengebraus:
ich hab euch allen etwas voraus!
Und beschaulich, in guter Ruh,
seh' ich den Geisteskranken zu,
die sich im Reichstag wichtig machen,
hör still erfreut die Schlagzeilen krachen
von Morgen-, Mittag- und Nachtausgabe . . .
Macht, macht . . . Ich persönlich habe
meinen Teil weg. Und bin angenehm matt.
Wer hat, hat.

Nur kein Neid.
Das ist die schönste Tageszeit:
die nach der Erfüllung. Da lässt man sich treiben,
möchte immerzu die Hände reiben
und hat zu eignem Privatgebrauch
so etwas wie Schadenfreude im Bauch.
Denn jeder Kerl glaubt dann und wann,
er sei ganz alleine ein Mann.

Kein Feuer, keine Kohle
kann brennen so heiß
wie die heimliche Liebe,
von der niemand nichts weiß.

Kennst du das?

Zu dem, was an solchem Tage geschieht,
zu allem, was dein Auge sieht,
zu allen Reden und Diskussionen,
zu allen Reichsgerichts-Konstruktionen;
zu Vollbärten, die sich gebildet bekleckern –:
immer hörst du ein Stimmchen meckern:
»Ach, wie schön, dass niemand weiß,
dass ich Rumpelstilzchen heiß –!«

Mensch, sei diskret! Ein Dummkopf, wer sich spreizt.
Fremder Hunger langweilt.
Fremdes Glück reizt.
Und dann sieht dich jemand in ihrem Haus.
Und dann ist die ganze Bescherung aus.

Berliner Bälle

»Mit dir – mit dir – möcht ich mal sonntags angeln gehn –
Yes, Sir, that's my baby!
Mit dir – mit dir – da denk ich mir das wunderschön! –
I wonder, where my baby is tonight –«
Junge Rechtsanwälte biegen sich im Boston –
dies Mädchen ist nicht von hier; die ist aus dem Osten!
Kleine Modezeichner schlenkern viel zu viel mit die Beine –
ein dubioser Kerl tanzt im Rund seinen Charleston alleine.
Der Saal kocht in Farben, Musik, Lärm, Staub und Gebraus –
die Frauen schwimmen im Tanzmeer, das spült sie aus den Logen heraus –
In dreißig Sälen dieselben schwarzen Jüdinnen, in Silber eingewickelt wie
die Zigarren, beturbant; dieselben Melodien . . .
Heute nacht tanzen sechzigtausend Menschen in Berlin.

»Wo
sind deine Haare –
What did I kiss that girl,
du musst nach Berlin,
Barcelona – Parlez-vous français?«
In allen Ateliers näseln die Grammophone;
weinrot stehn die Lampions in der grauen Luft – die Frau ist gar nicht so
ohne –
Kein Licht machen! Treten Sie nicht auf die Paare!
Wo sind deine Haare –?
August . . .
Jetzt sinkt das Fest sachte zu Boden wie ein müdes Blatt,
Gehst du schon? Wohl dem, der jetzt eine bunte kleine Wohnung hat.
In allen nächtlichen Hauswürfeln dieselben Neckrufe, Gelächter,
ratschenden Nadeln, Seufzer, feinen Melancholien.
Heute nacht tanzen sechzigtausend Menschen in Berlin.

Sachliche Liebe, die du mit ohne Seele blühst;
Berliner Knabe, der du dich kaum noch bemühst!
Das Wo ist meistens schwieriger als das Ob –
Aphrodite mit dem Berliner Kopp!
Aphrodite, schaumgeborne, lass mal sehn,
wie sie alle, alle mit dir angeln gehn!
»Hallo? Wie is Ihn denn gestern bekomm? Gut? ja? Ausgeschlafen?
Hach! Daran kann ich mich gahnich erinnern. Nein. Der hat doch
Sonja das Chinesenkostüm geliehn . . .!«
Als wär nie nichts gewesen
telefonieren dreißigtausend Paare in Berlin.

Die Witwe
„Mutta, wat heiratste nich?"
„Wozu'n, Alfredchen?"
„Na, det ick nu endlich aus Vaters Badehose raus komme!"

Pfeifen anrauchen

Das tut sich wohl des öftern begeben:

Mal beginnt jeder sein ganzes Leben
von neuem. Wirft hin, was er nur kann,
und fängt alles wieder von vorne an,
mit gänzlich neuer Melodie . . .
Die Franzosen nennens ›refaire sa vie‹.

Refaire sa vie . . . das ist gar nicht einfach.
Refaire sa vie . . . ist leider mein Fach.
Dazu sind wir zu gebrauchen . . .
Refaire sa vie – ist wie Pfeifen anrauchen.

Du glaubst erst gar nicht, dass es sich lohnt.
Der Tabak schmeckt schwer und ungewohnt –
es legt sich das Nikotin auf den Magen,
du hast über Seelen- und Bauchweh zu klagen;
das macht:
das Ding ist nicht abgenutzt,
und die Pfeife ist viel zu wenig verschmutzt.

Aber so eine zwei, drei Jahr –
da schmeckt die Pfeife wunderbar.
Ihr Hals ist dir so vertraut gebogen,
das Holz ist voller Tabak gesogen
bis zur letzten Faser. Und du kratzt nichts ab.
Diese Pfeife nimmst du ins Grab . . .
Bis zur nächsten. Bis zur nächsten Ecke.
Da krauchst du hervor aus deinem Verstecke,
der Boden bekommt eine neue Schichtung,
das Leben nimmt eine andere Richtung –
Und du bist ein Kerl und ganzer
Mann und steckst eine neue Pfeife an.

Wenn du einmal am Ende stehst,
wenn du die letzte Wende gehst,
wenn du dann klug bist, blickst du zurück,
auf das ganze geschlängelte Stück.
So viel Pfeifen! Viel Änderungen!
so oft hast du eine neue geschwungen!
Und hat die Neue genützt?
Seife.

Es war immer dieselbe Pfeife.

Zuspruch
*„Nun lass' man, Mutter – er weiß es nicht und erfährt's auch nicht mehr,
dass wir uns die Papp-Palme und die Papierblumen nur leihen konnten."*

Illustrierte Welt

Gehören Sie vielleicht zur Zeitgeschichte –?
Wenn ich Sie im Profil veröffentlichte,
gehört mir Ihr Gesicht.
Sind Sie dagegen nur ein ganz Privater,
ein armer, pensionierter Landesvater:
dann darf ich so was nicht.
Die Prinzen, die ich niemals knipsen kann,
gehören nicht der Zeitgeschichte an.

Doch wer gehört nun so zur Zeitgeschichte?
Herr Rosner, der die Heldenliedgedichte
von einem Reisenden in Waffen schrieb?
Der selige Sternheim, Asthma deutscher Szenen?
Die Karin Michaelis, Schmockbild aller Dänen?
ein Pfreudenmädchen? ein Millionendieb?
Auch diese da – ich zweifle kaum daran –
gehören nicht der Zeitgeschichte an.

Jedoch die Richter, schwarz-rot-gold vernickelt,
die wie die Fotos vielfach unentwickelt,
mitunter nicht so recht belichtet sind;
die Richter, die den letzten Prinzen schützen
und jeden Wunsch aus Holland unterstützen,
für neun Jahr Zeitaufnahme gänzlich blind –:

Ja, diese Richter – das sieht jedermann –
gehören –
wie sie gebacken und gebraten sind –
Im Namen des Volkes!
gehören unsrer Zeitgeschichte an.

DER PFAU

Ich bin ein Pfau.
In meinen weißen Schwingen
fängt sich das Schleierlicht der Sonne ein.
Und alle Frauen, die vorübergingen,
liebkosten mit dem Blick den Silberschein.

Ich weiß, dass ich sehr schön bin.
Meine Federn
auf meinem Kopf stell ich oft kapriziös . . .
Ich hab das weißeste von allen Pfauenrädern;
ich bin sehr teuer, selten und nervös.

Ich habe leider ziemlich große Krallen,
und wenn ich fliege, sieht es kläglich aus.
Doch, wer mich liebt, dem werde ich gefallen,
und alle Welt steht vor dem Vogelhaus.

Klug bin ich nicht. Klugheit ist nicht bei allen,
viel liegt nicht hinter meiner Vogelstirn.
Ich will gefallen – immer nur gefallen –
Ich bin ein schöner Pfau. Ich brauche kein Gehirn.

Nur singen darf ich nicht. Das ordinäre
Gekrächz ist nicht zu sehen – wie mein Bildnis zeigt.
Ich bin ein Pfau.
Und eine schöne Lehre:
Wer dumm und schön ist, setzt sich. Siegt. Und schweigt.

Träumerei auf einem Havelsee

Ich bin Prokurist einer Wäschefabrik,
Sternberg, Guttmann &. Sohn.
Mein Segelboot heißt ›Heil und Sieg‹,
zwei Stunden lieg ich hier schon
und seh auf die Kiefern und in das Wasser hinein –
auf meinem Boot ganz allein.

Urlaub hatte ich im August,
ich war in Norderney,
mit Lilly . . . ihre linke Brust
sieht aus wie ein kleines Ei.
Wenn man sie da kneift, dann wird sie gemein –
auf meinem Boot ganz allein.

Graske ist ein gemeiner Hund,
ein falsches Aas – er tut bloß so . . .
er weiß, der Alte ist nicht ganz gesund;
wenn man's merkt, bleibt er länger im Büro.
Und dem Junior kriecht er jetzt auch hinten rein –
auf meinem Boot ganz allein.

Mutter wird alt. Wie alt . . . warte mal:
vierundsechzig, nein: achtundsechzig, genau.
Grete soll ganz still sein; sie pöbelt mit ihrem Personal
wie eine Schlächtersfrau.
Ich frage mich: muss eigentlich Verwandtschaft sein?
auf meinem Boot ganz allein.

Ich habe es schließlich zu was gebracht,
ich geh auf den Presseball;
auf Reisen fahr ich Zweiter; die Jacht
hier hieß früher ›Nachtigall‹.

Quatsch. Jetzt heißt sie richtig. Manchmal lade ich Willi und Ottmar ein –
nein, Ottmar nicht, der hat mich bei den jungen Aktien
nicht mitgenommen – schließlich werd ich dem Affen doch
nicht nachlaufen, das hab ich nicht nötig; stehen jetzt 192,
193 . . . wo ist denn die Zeitung? –
auf meinem Boot ganz allein.

Das ist meine liebste Erholungszeit,
auf meinem Boot ganz allein.
Kein Mensch ist zu sehen weit und breit –
kann man einsamer sein?
Eine Welle gluckst. Ich bin einsam. Zwar
die Inventur beginnt morgen,
und wie die Sirenen mit schwimmendem Haar
ziehn im See meine Sorgen:

Lilly, Mama und die Wäschefabrik,
die Reparatur von ›Heil und Sieg‹,
Graske und Ottmar, der Egoist;
wer im Silbenrätsel ›Fayence-Maler‹ ist –;
der Krach mit dem Chef von der Expedition;
die Weihnachtsgratifikation –
sonst aber schwimme ich hier im märkischen Sonnenschein –
auf meinem Boot ganz allein.

LIEBESPAAR AM FENSTER

Dies ist ein Sonntag Vormittag;
wir lehnen so zum Spaße
leicht ermüdet zum Fenster hinaus
und sehen auf die Straße.
Die Sonne scheint. Das Leben rinnt.
Ein kleiner Hund, ein dickes Kind . . .
Wir haben uns gefunden
für Tage, Wochen, Monate
und für Stunden – für Stunden.

Ich, der Mann, denke mir nichts.
Heut kann ich zu Hause bleiben,
heute geh ich nicht ins Büro –
. . . an die Steuer muss ich noch schreiben . . . .
Wie viel Uhr? Ich weiß nicht genau.
Sie ist zu mir wie eine Frau,
ich fühl mich ihr verbunden
für Tage, Wochen, Monate
und für Stunden – für Stunden.

Ich, die Frau, bin gern bei ihm.
Von Heiraten wird nicht gesprochen.
Aber eines Tages will ich ihn mir
ganz und gar unterjochen.
Die Dicke, daneben auf ihrem Balkon,
gibt ihrem Kinde einen Bonbon
und spielt mit ihren Hunden . . .
So soll mein Leben auch einmal sein –
und nicht nur für Stunden – für Stunden.

Von Kopf zu Kopf umfließt uns ein Strom;
noch sind wir ein Abenteuer.
Eines Tages trennen wir uns,
eine andere kommt . . . ein neuer . . .
Oder wir bleiben für immer zusammen;
dann erlöschen die großen Flammen,
Gewohnheit wird, was Liebe war.
Und nur in seltenen Sekunden
blitzt Erinnerung auf an ein schönes Jahr,
und an Stunden – an glückliche Stunden.

"Seit ick die Liebe kenne, hab' ick dem Alkohol den Ricken jekehrt."

NEBENAN

Es raschelt so im Nebenzimmer
im zweiten Stock, 310 –
ich sehe einen gelben Schimmer,
ich höre, doch ich kann nichts sehn.
Lacht eine Frau? spricht da ein Mann?
ich halte meinen Atem an –
Sind das da zwei? was die wohl sagen?
ich spüre Uhrgetick und Pulse schlagen . . .
Ohr an die Wand. Was hör ich dann
von nebenan –?

Knackt da ein Bett? Rauscht da ein Kissen?
Ist das mein Atem oder der
von jenen . . . alles will ich wissen!
Gib, Gott, den Lautverstärker her –!
Ein Stöhnen; hab ich's nicht gewusst . . .
Ich zecke an der fremden Lust;
ich will sie voller Graun beneiden
um jenes Dritte, über beiden,
das weder sie noch er empfinden kann . . .
»Marie –!«
Zerplatzt.
Ein Stubenmädchen war nur nebenan.

War ich als Kind wo eingeladen –:
nur auswärts schmeckt das Essen schön.
Bei andern siehst du die Fassaden,
hörst nur Musik und Lustgestöhn.
Ich auch! ich auch! es greift die Hand
nach einem nicht vorhandenen Land:
Ja, da –! strahlt warmer Lampenschimmer.
Ja, da ist Heimat und das Glück.
In jeder Straße lässt du immer
ein kleines Stückchen Herz zurück.

Darfst nie der eigenen Schwäche fluchen;
musst immer nach einem Dolchstoß suchen.
Ja, da könnt ich in Ruhe schreiben!
Ja, hier –! hier möcht ich immer bleiben,
in dieser Landschaft, wo wir stehn,
und ich möchte nie mehr nach Hause gehn.

Schön ist nur, was niemals dein.
Es ist heiter, zu reisen, und schrecklich, zu sein.
Ewiger, ewiger Wandersmann
um das kleine Zimmer nebenan.

Geständnis am Heiligabend
*„Mutta, die Jans hat sich so einsam jefühlt,
und da haben wir ihr mitjenommen!"*

EHEKRACH

»Ja –!«
»Nein –!«
»Wer ist schuld?
Du!«
»Himmeldonnerwetter, lass mich in Ruh!« –

»Du hast Tante Klara vorgeschlagen!
Du lässt dir von keinem Menschen was sagen!
Du hast immer solche Rosinen!
Du willst bloß, ich soll verdienen, verdienen –
Du hörst nie. Ich red dir gut zu . . .
Wer ist schuld –?
Du.«

»Nein.«
»Ja.«
– »Wer hat den Kindern das Rodeln verboten?
Wer schimpft den ganzen Tag nach Noten?
Wessen Hemden muss ich stopfen und plätten?
Wem passen wieder nicht die Betten?
Wen muss man vorn und hinten bedienen?
Wer dreht sich um nach allen Blondinen?
Du –!«

»Nein.«
»Ja.«
»Wem ich das erzähle . . . !
Ob mir das einer glaubt –!«
»Und überhaupt –!«
»Und überhaupt –!«

»Und überhaupt –!«
Ihr meint kein Wort von dem, was ihr sagt:
Ihr wisst nicht, was euch beide plagt.
Was ist der Nagel jeder Ehe?
Zu langes Zusammensein und zu große Nähe.

Menschen sind einsam. Suchen den andern.
Prallen zurück, wollen weiter wandern . . .
Bleiben schließlich . . . Diese Resignation:
Das ist die Ehe. Wird sie euch monoton?

Zankt euch nicht und versöhnt euch nicht:
Zeigt euch ein Kameradschaftsgesicht
und macht das Gesicht für den bösen Streit
lieber, wenn ihr alleine seid.

Gebt Ruhe, ihr Guten! Haltet still.
Jahre binden, auch wenn man nicht will.
Das ist schwer: ein Leben zu zwein.
Nur eins ist noch schwerer: einsam sein.

Sonntagsmorgen, im Bett

Was – was ist?
Ach so. Heute ist Sonntag. Da kann ich noch liegen.
Mit den Schultern kuscheln. Mich ans Kopfkissen schmiegen –
Aus alter Gewohnheit wacht man sonntags immer
so früh auf wie wochentags – das kommt vielleicht von dem Schimmer
da von den Jalousien – was ist denn das für ein Geratter und Gebraus?
Na, jedenfalls heute muss ich nicht raus.

Ich kann heute ganz stille liegen und ruhn.
Und muss gar nichts. Und hier kann mir keiner was tun.
So ein Bett ist eigentlich eine schöne Sache –
da müsste noch so eine Sonnenplache
drüber sein, und dann fährt man damit überall hin.
Woher kommt das, dass ich heute so furchtbar müde bin –?

Gestern Abend haben wir wesentlich zu viel Schwedenpunsch getrunken,
Paul war zum Schluss ganz in seinen Sessel versunken;
ich habe auch noch so einen komischen Geschmack im Mund
und – –

Halb neun! Da muss ich richtig wieder eingeschlafen sein.
Sonntagsmorgen im Bett, das ist fein.
Das heißt: Was nun noch kommt, ist weniger schön . . .
Heute muss ich zu Onkel Otto und Tante Frieda gehn –
Margot ist auch da, die keusche Lilie . . .
Warum, lieber Gott, ist man sonntags stets in Familie?

Vor Tisch sind sie beleidigt, und nach Tisch sind sie satt –
wenn ich dran denke, wird mir jetzt schon ganz matt.
Abends ist Theater . . . morgen muss ich unbedingt mal mit Kempner
telefonieren:

Er muss mir die Diele billiger tapezieren –
achtzig ist zu viel – der Junge ist wohl nicht ganz gesund!
und – –

Halb zehn!
»Willi! Aufstehn! Aufstehn!«
Ja doch, ja!
Ich stehe ja schon auf, Mama –
Jetzt geht der Sonntag los! Nein: eigentlich ist er jetzt vorbei.
Jetzt kommen die Zeitungen und Briefe und Telefon und Geschrei.
Das ist nun weniger geruhsam und labend . . .

Aber so ist das im Leben:
Das Schönste vom Sonntag ist der Sonnabend Abend.

„Ick wer' dir mal' n Kuss jeben.
Vielleicht wächste denn 'n bisken rascher!"

Das Lächeln der Mona Lisa

Ich kann den Blick nicht von dir wenden.
Denn über deinem Mann vom Dienst
hängst du mit sanft verschränkten Händen
und grienst.

Du bist berühmt wie jener Turm von Pisa,
dein Lächeln gilt für Ironie.
Ja . . . warum lacht die Mona Lisa?
Lacht sie über uns, wegen uns, trotz uns, mit uns, gegen uns –
oder wie –?

Du lehrst uns still, was zu geschehn hat.
Weil uns dein Bildnis, Lieschen, zeigt:
Wer viel von dieser Welt gesehn hat –
der lächelt, legt die Hände auf den Bauch
und schweigt.

Sie schläft

Morgens, vom letzten Schlaf ein Stück,
nimm mich ein bisschen mit –
auf deinem Traumboot zu gleiten ist Glück –
Die Zeituhr geht ihren harten Schritt . . .
pick-pack . . .

»Sie schläft mit ihm« ist ein gutes Wort.
Im Schlaf fließt das Dunkle zusammen.
Zwei sind keins. Es knistern die kleinen Flammen,
aber dein Atem fächelt sie fort.
Ich bin aus der Welt. Ich will nie wieder in sie zurück –
jetzt, wo du nicht bist, bist du ganz mein.
Morgens, im letzten Schlummer ein Stück,
kann ich dein Gefährte sein.

Das Weltwort

Es gibt in allen Sprachen ein Wort,
das geht von Mund zu Munde;
es pflanzt sich durch die Lande fort,
und überall macht's die Runde.
Es war einmal gewiss kein Feingut,
doch nach dem Kriege wurd es Allgemeingut.
Weil ich ein feiner Knabe bin –:
wie sag ich's meiner Leserin,
so, dass ich doch gesittet bleibe . . . ?
Vielleicht:
Ja, Scheibe –?

Herr Sternheim ist so mächtig eitel –
er wünscht sich Rosen auf den Schei –
Ja, Scheibe.

Willst du hier eine Ehe trennen,
so musst du einen Grund benennen;
drei Männchen in Talarverkleidung,
die wühlen im Morast der Schei –
Ja, Scheibe.

Dass Deutschland militärisch bleibe,
schießt jeder Stahlhelmfritze nach der Schei –
Ja, Scheibe.
(Schießscheiben stehen aller Enden,
dies Wort ist nur mit Vorsicht zu verwenden.)

Auf dass er seine Frau in Seide lege,
kratzt mancher Arzt manchmal am Schei –
Ja, Scheibe.

Das Kabinett? Mir scheint, als ob mir schiene:
sie machten Wahlen gegen die Marine,
dann fallen sie um und willigen für nen Kreuzer ein.
Das ist des Müllers Lust. Wie oft trügt doch der Schei –
Ja, Scheibe.

In allen Sprachen gibt es dies Wort,
das geht von Mund zu Munde;
es pflanzt sich durch alle Länder fort
und überall macht es die Runde.

Es passt auf alles in der Welt . . .
nur ein Ding gibt's, das nicht darunter fällt.
Dies Ding – ein jeder Kenner sieht's –
ist unsere deutsche Strafjustiz,
Denn die – mit ihrem Riesenfleiße –
die letzte Zeile fehlt.
Ich weiße, was ich weiße.

Wenn die Igel in der Abendstunde

(Für achtstimmigen Männerchor)

Wenn die Igel in der Abendstunde
still nach ihren Mäusen gehn,
hing auch ich verzückt an deinem Munde,
und es war um mich geschehn –
Anna-Luise –!

Dein Papa ist kühn und Geometer,
er hat zwei Kanarienvögelein;
auf den Sonnabend aber geht er
gern zum Pilsner in 'n Gesangverein –
Anna-Luise –!

Sagt' ich: »Wirst die meine du in Bälde?«,
blicktest du voll süßer Träumerei
auf das grüne Vandervelde,
und du dachtest dir dein Teil dabei,
Anna-Luise –!

Und du gabst dich mir im Unterholze
einmal hin und einmal her,
und du fragtest mich mit deutschem Stolze,
ob ich auch im Krieg gewesen wär . . .
Anna-Luise –!

Ach, ich habe dich ja so belogen!
Hab gesagt, mir wär ein Kreuz von Eisen wert,
als Gefreiter wär ich ausgezogen,
und als Hauptmann wär ich heimgekehrt –
Anna-Luise –!

Als wir standen bei der Eberesche,
wo der Kronprinz einst gepflanzet hat,
raschelte ganz leise deine Wäsche,
und du strichst dir deine Röcke glatt,
Anna-Luise –!

Möchtest nie wo andershin du strichen!
Siehst du dort die ersten Sterne gehn?
Habe Dank für alle unvergesserlichen
Stunden und auf Wiedersehn!
Anna-Luise –!

Denn der schönste Platz, der hier auf Erden mein,
das ist Heidelberg in Wien am Rhein,
Seemannslos.
Keine, die wie du die Flöte bliese . . . !
Lebe wohl! Leb wohl.
Anna-Luise –!

Lied fürs Grammophon

Gib mir deine Hand,
Lucindy!
Du, im fernen Land –
Lucindy!
Wie die Ätherwellen flitzen
über Drähte, wo die Raben sitzen,
saust meine Liebe dir zu . . .
du –
tu – tu – tu – mmm –

Wenn du mich liebst, so singt dein Blut,
Lucindy!
Ach, wenn du nicht da bist, bin ich dir so gut,
Lucindy!
Dein, dein Lächeln lässt mir keine Ruh . . .
Man kann von oben lächeln,
man kann von unten lächeln,
man kann daneben lächeln –
wie lächelst du?
tu – tu – tu – mmm –

Meine, die will mich verlassen,
Lucindy!
Deiner, der will dich fassen,
Lucindy!
Kehr zu ihm zurück!
Vielleicht ist das das Glück . . .
Ich guck in den Mond immerzu –
oh, so blue – mmm –

Wie man auch setzt im Leben,
Lucindy!
man tippt doch immer daneben,
Lucindy!
Wir sitzen mit unsern Gefühlen
meistens zwischen zwei Stühlen –
und was bleibt, ist des Herzens Ironie . . .
Lucindy!
Lucindy!
Lucindy –!

CHANSON FÜR EINE FRANKFURTERIN

(Für Ida Wüst)

Wenn die alte Herrn noch e mal Triebe ansetze –
des find ich goldisch!
Wenn se dann nix wie Dummheite schwätze –
des find ich goldisch!
Des hab ich von meim alte Herrn:
ich hab halt die Alt-Metalle so gern . . .
Wenn ich en Bub geworde war, hätt ich auch Metallercher verzollt –
Ja, Jaköbche . . .
Rede is Nickel, Schweige is Silber, und du bist mei Gold –!

Wenn se newe mir auf dem Diwan sitze –
des find ich goldisch!
wenn se sich ganz wie im Ernst erhitze –
des find ich goldisch!
E Angriffssignal is noch kein Siesch –
ich sag bloß: Manöver is doch kein Kriesch!
Wer will, hat schon fuffzig Prozent. No, un wer zweimal gewollt . . .
En Floh is kei Ross,
un e Baiss is kei Hauss . . .
un Rede is Nickel, Schweige is Silber, un du bist mei Gold –!

Wenn se sich de Hut schief auf de Seite klemme –
des find ich goldisch!
Wenn se die Ärmcher wie Siescher in die Seite stemme –
des find ich goldisch!
Am liebste nemm ich se dann auf den Schoß.
Aber mer hat sein Stolz. Es is kurios:
sei Mutter is net aus Frankfort. Er aach net. Und da hab ich net gewollt . . .
Jetzt waan net, Klaaner –
Berlin ist Nickel, Wiesbaden ist Silber, awwer Frankfort is Gold –!

Die Kinderstube

Ein neues Spiel ist aufgetan –
das spielen die Kinder so gerne;
sie spielen's im Alt und Tenor und Sopran,
in Berlin und der bayrischen Ferne.
Krise!
Krise der Intendanz!
und es umschlingt dich ein Höllentanz:
Der Kleiber und der Klemperer,
der Walterer und die Kemperer;
der Knappertsbusch und der Richard Strauss,
der Jeßner, der Reinhardt, das Opernhaus –
gestern, morgen und heute –
sehr prominente Leute.

Bleibt Legal? Geht Tietjen? Ist Ziegel bereit?
Wer inszeniert die ›Hose‹?
In Deutschland gibt es um diese Zeit
zwei Millionen Arbeitslose.
Krise?
Es wirtschaftet um dich her
der überschätzte Kommissionär:
Der Klemperer und der Kleiberer
und mindere Zeitvertreiberer;
der Walterer und der Doktor Klein –
Gott grüß die Kunst! Eine Krise muss sein!
Gestern, morgen und heute –:
sehr prominente Leute.

Das alles war schon einmal da –
im Märze, im vorigen Märze.
Da tanzte die Elßler den zierlichsten Pas,
und es schäumte die Druckerschwärze.
Der Horizont war lieblich verengt,
das Theater hat alle hübsch abgelenkt . . .
Und heute spielen sie grade so
Biedermeier mit Radio:
Der Kleiber und der Klemperer,
der Walterer und die Kemperer;
der Richard Strauss und der Knappertsbusch –
Und keiner sagt: Kusch! Und keiner sagt: Kusch!
Gestern, heute und morgen –
Gott segne die deutschen Sorgen!
Amen.

„Vata wird sich frein, wenn er aus't Zuchthaus kommt,
det wa schon so ville sind."

MUTTERNS HÄNDE

Hast uns Stulln jeschnitten
un Kaffe jekocht
n de Töppe rübajeschohm –
un jewischt und jenäht
un jemacht und jedreht ...
alles mit deine Hände.

Hast de Milch zujedeckt,
uns Bobongs zujesteckt
un Zeitungen ausjetragen –
hast die Hemden jezählt
und Kartoffeln jeschält ...
alles mit deine Hände.

Hast uns manches Mal
bei jroßen Schkandal
auch 'n Katzenkopp jejeben.
Hast uns hochjebracht.
Wir wahn Sticker acht,
sechse sind noch am Leben ...
Alles mit deine Hände.

Heiß warn se un kalt.
Nu sind se alt.
Nu bist du bald am Ende.
Da stehn wa nu hier,
und denn komm wir bei dir
und streicheln deine Hände.

LEHRGEDICHT

Wenn du mal gar nicht weiter weißt,
dann sag: Mythos.
Wenn dir der Faden der Logik reißt,
dann sag: Logos.
Und hast du nichts in deiner Tasse,
dann erzähl was vom tiefen Geheimnis der Rasse.
So erreichst du, dass keiner, wie er auch giert,
dich je kontrolliert.

Willst du diskret die Leute angeilen,
dann sag: Eros.
Sehr viel Bildung verleiht deinen Zeilen:
Dionysos.
Aber am meisten tun dir bieten
die katholischen Requisiten.
Tu fromm – du brauchst es gar nicht zu sein.
Sie fallen drauf rein.

Machs wie die Literatur-Attachés:
nimm ein Diarium.
Die Hauptsache eines guten Essays
ist das Vokabularium.
Eros und Mythos hat's immer gegeben,
doch noch nie so viele, die von ihnen leben . . .
So kommst du spielend – immer schmuse du nur! –
in die feinere deutsche Literatur.

Ideal und Wirklichkeit

In stiller Nacht und monogamen Betten
denkst du dir aus, was dir am Leben fehlt.
Die Nerven knistern. Wenn wir das doch hätten,
was uns, weil es nicht da ist, leise quält.
Du präparierst dir im Gedankengange das,
was du willst – und nachher kriegst du's nie ...
Man möchte immer eine große Lange,
und dann bekommt man eine kleine Dicke –
C'est la vie –!

Sie muss sich wie in einem Kugellager
in ihren Hüften biegen, groß und blond.
Ein Pfund zu wenig – und sie wäre mager,
wer je in diesen Haaren sich gesonnt ...
Nachher erliegst du dem verfluchten Hange,
der Eile und der Phantasie.
Man möchte immer eine große Lange,
und dann bekommt man eine kleine Dicke –
Ssälawih –!

Man möchte eine helle Pfeife kaufen
und kauft die dunkle – andere sind nicht da.
Man möchte jeden Morgen dauerlaufen
und tut es nicht. Beinah ... beinah ...
Wir dachten unter kaiserlichem Zwange
an eine Republik ... und nun ist's die!
Man möchte immer eine große Lange,
und dann bekommt man eine kleine Dicke –
Ssälawih –!

DISKRETION

Dass Josefine eine schiefe Nase hat;
dass Karlchen eine schwache Blase hat;
dass Doktor O., was sicher stimmt,
aus einem dunkeln Fonds sich Gelder nimmt;
dass Zempels Briefchen nur zum Spaß ein Spaß ist,
und dass er selbst ein falsches Aas ist
in allen sieben Lebenslagen –:
das kann man einem Menschen doch nicht sagen!
Na, ich weiß nicht –

Dass Willy mit der Schwester Rudolfs muddelt;
dass Walter mehr als nötig sich beschmuddelt;
dass Eugen eine überschätzte Charge;
dass das Theater . . . dieser Reim wird large . . .
dass Kloschs Talent, mit allem, was er macht,
nicht weiter reicht als bis Berlin W 8;
dass die Frau Doktor eine Blähung hat im Magen –:
das kann man einem Menschen doch nicht sagen!
Na, ich weiß nicht –

Man muss nicht. Doch man kann.
Die Basis unsres Lebens
ist: Schweigen und Verschweigen – manchmal ganz vergebens.
Denn manchmal läuft die Wahrheit ihre Bahn –
dann werden alle wild. Dann geht es: Zahn um Zahn!
Und sind sie zu dir selber offen,
dann nimmst du übel und stehst tief betroffen.
Die Wahrheit ist ein Ding: hart und beschwerlich,
sowie in höchstem Maße feuergefährlich.
Brenn mit ihr nieder, was da morsch ist –
und wenn's dein eigner Bruder Schorsch ist!
Beliebt wird man so nicht! Nach einem Menschenalter
lässt man vom Doktor O. und Klosch und Walter
und lässt gewähren, wie das Leben will . . .
Und brennt sich selber aus. Und wird ganz still.
Na, ich weiß nicht –.

In aller Eile

– »Hallo! Hier Eisner und Ehrmann, wer dort –? Jawohl . . . Man kann Sie nicht verstehen; Sie müssen etwas lauter sprechen! . . . Dann werden wir Ihnen also die Faktur morgen zugehen lassen! Schluss!« (Telefongespräch 1895)

    – »Also ich telefoniere hier von der Post –
vor der Zelle stehn schon Leute –
ich fahre nach Lichterfelde-Ost
und erledige die Sache noch heute.
Was ich sagen wollte . . . Warum warn Sie gestern nicht da?
auf der Modenschau?
Ich war mit der Putti . . . wissen Sie . . . na . . .
Hände hat die Frau –!
Fabelhaft.

Wiesner –? Erzählen Sie mir doch nichts –
das nehm ich auf mein Eid –!
Bitte! Nach Ansicht des Gerichts
hab ich dazu immer noch Zeit!
Was ich sagen wollte . . . Wir gehn Sonnabend aus –
Mit ihrem Freund? Na, so blau!
Die nehm ich glatt mit mir nach Haus –
Augen hat die Frau –!
Fabelhaft.

Die Wechsel sind . . . na, wie finden Sie das?
Die klopfen ans Fenster, weil ich
hier spreche – ich erzähl Ihnen persönlich noch was,
ich bin nämlich furchtbar eilig.
Was ich sagen wollte . . . ich bin derartig scharf . . .
Natürlich! Weiß ich genau,
was ein Schentelmän sich erlauben darf . . .
Einen Rücken hat die Frau –!
Fabelhaft.

Wir legen die Schecks . . . hallo? . . . unterbrochen . . .
Ich habe doch noch gar nicht gesprochen . . . !
Na, denn nicht.
Nur keine falsche Hast!
Ich spreche hier, solange 's mir passt!
Lümmel.
Ja –! Nein –!
Na, da gehn Sie doch rein!
Eine Luft wie in einem Schwitzkastenbad . . .
Was der schon zu telefonieren hat –
Lümmel.«

Die Witwe
„Ein Kilo! Und im Leben hat er 82 Kilo gewogen!"

Ein nachdenklicher Zuschauer

Der alte Mann spricht:

Komisch – det machn die nu jedes Jahr!
Det se det nich iba wern . . .
Der sacht: »Du hast abar schönes Haar!«
un det wolln die Meechn ooch heern . . .
Kuck mah – wat macht der für'n Betrieb!
hach, un die is janz hinüba –
die hat ihm Emton ehm lieb –
je länger –
jelängerjelieber!

Wat denkt die sich nu –?
Det der junge Mann
ihr einziger is und ihr alles –?
So fangt det Ding ja imma an
im Falle eines Falles.
Nachher komm Kinda un Faltn un so:
det scheenste is doch det Fieba
am Anfang, wenn se sinn jlicklich un froh –
je länger –
jelängerjelieber.

Nu drickt er sie nommal, und denn jehn se los
int Kino oda bei Muttan –
heut is die Liebe noch mächtig jroß,
die vajessn vor Liebe zu futtan.
So jeheert sich det auch. Det muss auch so sein!
Allein is richtich – aba allein zu zwein.
Von mir aus leben se dreimal hoch!
Ich denke mir demjejeniba:
Wenn eener und er muss mal, denn soll er ooch –:
Je länger –
jelängerjelieber –!

Der verrutschte Hut

Wenn eine Dame nachts allein mit einem Mann im Auto
nach Hause fährt, hat sie sich die Folgen selber zuzuschreiben.
Aus der Urteilsbegründung eines Berliner Schöffengerichts.

>Was ein Berliner Kavalier ist,
>der bringt – ist die Gesellschaft aus –
>und wenn es morgens früh um vier ist,
>die Dame, welche . . . stets nach Haus.
>Im Auto soll man Bande knüpfen.
>Das muss so sein und hebt den Herrn.
>Der Name ›Schlüpfer‹ kommt von: schlüpfen.
>Er glaubt: die Frauen haben das gern . . .
>Das wollen sie aber gar nicht!
>Das mögen sie aber gar nicht!
>Das tut ihnen gar nicht gut!
>Wie kommen sie denn nun nach Haus?
>»Und wie seh ich überhaupt jetzt aus?
>– und einen ganz verrutschten Hut!«
>
>Es erben sich Gesetz und Rechte
>wie eine ewige Krankheit fort.
>Er meint, wenn er das nicht vollbrächte,
>dann sei er kein mondäner Lord.
>Er muss. Teils gnädig und teils müde
>und überhaupt, weil's dunkel ist.
>»Ach, der Chauffeur . . . sei doch nicht prüde . . .!«
>Ein Mann ist stets ein Egoist.
>Sein Motor will auf Touren laufen.
>Die Frau braucht Zeit. Es saust die Fahrt.
>Sie will nicht um die Liebe raufen:
>Haare apart und Bouletten apart.
>Doch jener wird gleich handgemein.
>Jetzt oder nie . . .! Die Hand ans Bein . . .
>Das wollen sie aber gar nicht!
>Das mögen sie aber gar nicht!
>Das tut ihnen gar nicht gut!
>Berliner Autoliebe stört.
>Immer hübsch alles, wo's hingehört –
>ohne verrutschten Hut –!

BEROLINA . . . CLAIRE WALDOFF

Bei mir – bei mir –
da sind sie durchgezogen:
die Lektrischen, der Omnibus, der Willy mit's Paket.
Und eh – se hier
schnell um de Ecke bogen,
da ham se 'n kleenen Blick riskiert, ob SIE noch oben steht.
Nu stelln die Hottentotten
mir in ein Lagerhaus;
ick seh mank die Klamotten
noch wie Brünhilde aus . . .
Ick stehe da und streck die Hand aus –
der Alexanderplatz, der is perdü!
Ick seh noch imma 'n Happen elejant aus,
Ick hab nur vorne hab ick zu viel Schüh . . . !
Ick lass se alle untern Arm durchziehn –:
ick bin det Wappen von die Stadt Berlin –!

Bei mir – bei mir –
da denk ick: Nu verzieht ick!
Mit meine Würde pass ick nich – in den modernen Schwof.
Denn fier – Berlin
da war ick jrade richtich:
pompös, verdreckt un anjestoobt und hinten 'n bisken doof.
Nu blasen die Musieker,
geschieden, das muss sein . . .
sogar die Akademieker,
die setzen sich für mir ein . . .
Ich stehe da und streck die Hand aus;
der Alexanderplatz, der is perdü!
Ick seh noch alle Tage elejant aus –
ick hab nur vorne hab ick zu viel Schüh!
Nu muss ick jehn. Nu wert a balde lesen:
Mir ham se injeschmolzn. Lasst ma ziehn!
Ick hab euch jern. Es wah doch schön jewesen:
als Wappen von die olle Stadt Berlin –!

Augen in der Grossstadt

Wenn du zur Arbeit gehst
am frühen Morgen,
wenn du am Bahnhof stehst
mit deinen Sorgen:
da zeigt die Stadt
dir asphaltglatt
im Menschentrichter
Millionen Gesichter:
Zwei fremde Augen, ein kurzer Blick,
die Braue, Pupillen, die Lider –
Was war das? vielleicht dein Lebensglück ...
vorbei, verweht, nie wieder.

Du gehst dein Leben lang
auf tausend Straßen;
du siehst auf deinem Gang,
die dich vergaßen.
Ein Auge winkt,
die Seele klingt;
du hast's gefunden,
nur für Sekunden ...
Zwei fremde Augen, ein kurzer Blick,
die Braue, Pupillen, die Lider;
Was war das? kein Mensch dreht die Zeit zurück ...
Vorbei, verweht, nie wieder.

Du musst auf deinem Gang
durch Städte wandern;
siehst einen Pulsschlag lang
den fremden Andern.
Es kann ein Feind sein,
es kann ein Freund sein,
es kann im Kampfe dein
Genosse sein.
Es sieht hinüber
und zieht vorüber ...
Zwei fremde Augen, ein kurzer Blick,
die Braue, Pupillen, die Lider.
Was war das?
Von der großen Menschheit ein Stück!
Vorbei, verweht, nie wieder.

KLEINES OPERETTENLIED

Mit ihm schlafen ja, aber keine Intimitäten

Sei nicht böse, wenn ich dich, du liebe Inge,
hier leis besinge –
hör mich mal an:
In dem weiten Reich der schwärmerischen Dinge
knüpft eine Schlinge
dir jeder Mann.

Doch die Nacht ist keineswegs des Werkes Krönung.
Sieh, erst nachher da beginnt das wahre Spiel;
denn das Schlimmste an der Liebe ist Gewöhnung . . .
ein Mal ist kein Mal, aber acht Mal sind sehr viel.
Lass die Liebe aus dem Spiel, wenn du liebst.
Weil du dir dabei zu viel
vergibst.
Höre nicht auf Schmeichelein!
Musst du stets die Dumme sein?
Wenn du ehrlich bist, dann fällst du rein!
Das Geschäft ist faul: er nimmt, und du gibst . . .
Lass die Liebe aus dem Spiel, wenn du liebst!
Steht nach Küssen dir der Sinn,
na, dann geh nur ruhig hin –
Doch von Liebe, doch von Liebe steht nichts drin!

Und ich weiß, wie das mal wird, du liebe Inge,
wenn ich einst hinge
an deiner Brust:
Um die Augen hast du dunkelblaue Ringe,
doch ach! ich bringe dich nicht zur Lust.

Warum kommt's, dass wir uns so verlieren müssen?
Wer mehr liebt, der leidet noch und noch.
Und du siehst an mir vorbei, wenn wir uns küssen,
und du hast Furcht. Und liebst ja doch . . .
Lass die Liebe aus dem Spiel, wenn du liebst.
Weil du dir dabei zu viel
vergibst.
Erst schenkst du dein schönes Bein,
und du sagst: »Mehr soll's nicht sein!«
Und das Herz, das folgt dann hinterdrein . . .
Und ich rate dir vergebens, wenn du gibst:
Lass die Liebe aus dem Spiel, wenn du liebst!
Frau und Mann sind niemals frei.
Stets ist ein Gefühl dabei.
Und die Dummen sind gewöhnlich alle zwei!

„- - - *Ick hab mir überfressen*"

Frage

Es laufen vor Premieren
Gerüchte durch die Stadt:
Nun kommt, was man in Sphären
noch nicht gesehen hat.
Doch hat der Rummel sich gelegt
– so aufgeregt, so aufgeregt –
dann frag ich still, so leis ich kann:
»Und dazu ziehn Sie 'n Smoking an –?«

Es steigen große Bälle,
und die Plakate schrein.
Man muss auf alle Fälle
da reingetreten sein.
Der Sekt ist warm, die Garderobe kalt.
»Ich glaube, Lo, nun gehn wir bald . . . «
Zu Hause sehn sich alle an:
»Und dazu ziehn wir 'n Smoking an –?«

Es prangt in den Journalen
das Bildnis einer Frau.
Schön ist sie angemalen,
hellrosa, beige und blau.
Dir glückt's . . . ihr Widerstand erschlafft . . .
Na, fabelhaft! Na, fabelhaft?
Grau ist der Morgen . . . welk der Strauß . . .
Und dazu zieh ich 'n Smoking aus –?

Willst du nach oben schweben,
fällst du auf den Popo.
Und überhaupt das Leben,
es ist gemeinhin so:
Erst viel Geschrei und mächtiger Zimt.
Sieh nur, wie alles Karten nimmt!
Aber mehrstenteils, o Smokingmann:
Zieh ihn gar nicht erst an! Zieh ihn gar nicht erst an –!

DER ANDRE MANN

Du lernst ihn in einer Gesellschaft kennen.
Er plaudert. Er ist zu dir nett.
Er kann dir alle Tenniscracks nennen.
Er sieht gut aus. Ohne Fett.
Er tanzt ausgezeichnet. Du siehst ihn dir an . . .
Dann tritt zu euch beiden dein Mann.

Und du vergleichst sie in deinem Gemüte.
Dein Mann kommt nicht gut dabei weg.
Wie er schon dasteht – du liebe Güte!
Und hinten am Hals der Speck!
Und du denkst bei dir so: »Eigentlich . . .
Der da wäre ein Mann für mich!«

Ach, gnädige Frau! Hör auf einen wahren
und guten alten Papa!
Hätt'st du den Neuen: in ein, zwei Jahren
ständest du ebenso da!
Dann kennst du seine Nuancen beim Kosen;
dann kennst du ihn in Unterhosen;
dann wird er satt in deinem Besitze;
dann kennst du alle seine Witze.
Dann siehst du ihn in Freude und Zorn,
von oben und unten, von hinten und vorn . . .
Glaub mir: wenn man uns näher kennt,
gibt sich das mit dem happy end.
Wir sind manchmal reizend, auf einer Feier . . .
und den Rest des Tages ganz wie Herr Meyer.
Beurteil uns nie nach den besten Stunden.

Und hast du einen Kerl gefunden,
mit dem man einigermaßen auskommen kann:
dann bleib bei dem eigenen Mann!

THEORIE DER LEIDENSCHAFT BERLIN N 54

Von wejen Liebe ...
Wat der Affe klönt!
Ick hab ma ehmt bloß an 'n jewöhnt!
Ick weß nu schon: det Morjens seine Socken ...
uff seinen Oberarm die zweenhalb Pocken ...
Von wejen Liebe –!
Hö! So sieh'ste aus.
Mensch, nischt wie raus!

Da sind wa neulich in 'n Film jewesen.
Da jab et eenen schönen Brief zu lesen.
Een Vers:
DIE EIFERSUCHT IST EINE LEIDENSCHAFT,
DIE MIT EIFER SUCHT, WAS LEIDEN SCHAFFT.
Na ja doch. Aba det wär ja jelacht:
Wenn der mit seine Nutten macht –
ick sahre nischt. Ick kenn doch diss jenau!
Son fauler Kopp. Ick ärja mir bloß blau,
det ick mir ärjere. Denn der vadient det jahnich,
der Affenschwanz, der olle Piesenkranich.
Ick mach et janz jenau wie er – son Aas ... !
A det is komisch: mir macht's keenen Spaß.
Mich kann die janze Männerbransche –!
Ick nehme jahnich jern Revansche.
Ick, Lottchen, bin ja dazu viel zu schlau.
So is det meine Meinung nach mit jede Frau:
Sofern wir iebahaupt 'n Herrn ham,
denn ham wir jern, det wirn jern ham!
Ob Schupouniform, ob in Zevil:
es is von wejen det Jefiehl.
Da weeß der jahnischt von. Der pust sich auf
und kommt sich vor un is noch stolz dadrauf ...
Von wejen Liebe ...
Det bestimmt doch keinesfalls
der Mann mit seinen unjewaschenen Hals!
Ich küsse Ihre Hand, Madam.
Diss jlauben bloß die Kälber.
Ick sahre so –:
Det Schönste an die Liebe is die Liebe selber.

AUFGEWACHSEN BEI . . .

Dir gefallen die Beine nicht,
dir gefällt die Kleine nicht,
dir gefällt die Große nicht,
und du magst die Sauce nicht.
Dir gefällt der Opel nicht,
und du wärst kein Popel nicht,
und dir schmeckt der Steinwein nicht,
und dir schmeckt der Rheinwein nicht . . .
Lieber Freund, besinn dich drauf:
Worauf herauf –?

Bist du denn so reich und schön?
Bist du lieblich anzusehn?
Bist du elegant und schick?
Untenrum nicht reichlich dick?
Bist du mit dem Mordskrawall
wohl aus einem ersten Stall?
Immer schreist du nach Niveau . . .
lebst du denn zu Hause so?
Du – mit deinem Lebenslauf:
Worauf herauf –?

Stell dich mit dem Doppelkinn
mal vor einen Spiegel hin:
Wenn die Frauen auch mal sieben:
welches Mädchen soll dich lieben?
Sage selbst!
Wenn die Kellner Augen haben:
wofür halten sie dich Knaben?
Sage selbst!
In dem reichen Kaufmannshaus:
wie siehst du im Smoking aus?
Sage selbst!
Mach nicht immer solche Faxen.
Mensch, es ist ja halb Berlin
aufgewachsen, aufgewachsen
bei den grünen Jalousien –!

STATIONEN

Erst gehst du umher und suchst an der Frau
das, was man anfassen kann.
Wollknäul, Spielzeug und Kätzchen – Miau –
du bist noch kein richtiger Mann.
Du willst eine lustig bewegte Ruh:
sie soll anders sein, aber sonst wie du . . .
Dein Herz sagt:
Max und Moritz!

Das verwächst du. Dann langt's nicht mit dem Verstand.
Die Karriere! Es ist Zeit . . . !
Eine kluge Frau nimmt dich an die Hand
in tyrannischer Mütterlichkeit.
Sie passt auf dich auf. Sie wartet zu Haus.
Du weinst dich an ihren Brüsten aus . . .
Dein Herz sagt:
Mutter.

Das verwächst du. Nun bist du ein reifer Mann.
Dir wird etwas sanft im Gemüt.
Du möchtest, dass im Bett nebenan
eine fremde Jugend glüht.
Dumm kann sie sein. Du willst: junges Tier,
ein Reh, eine Wilde, ein Elixier.
Dein Herz sagt:
Erde.

Und dann bist du alt.
Und ist es soweit,
dass ihr an der Verdauung leidet –:
dann sitzt ihr auf einem Bänkchen zu zweit,
als Philemon und Baucis verkleidet.
Sie sagt nichts. Du sagst nichts, denn ihr wisst,
wie es im menschlichen Leben ist . . .
Dein Herz, das so viele Frauen besang,
dein Herz sagt: »Na, Alte . . . ?«
Dein Herz sagt: Dank.

Malwine

Ich habe mich deinetwegen
gewaschen und rasiert.
Ich wollte mich zu dir legen
mit einem Viertelchen,
mit einem Achtelchen –
Malwine!
Doch du hast dich geziert.

Der Kuckuck hat geschrien
auf deiner Schwarzwalduhr.
Ich lag vor deinen Knien:
»Gib mir ein Viertelchen!
Gib mir ein Achtelchen!
Malwine!
Ein kleines Stückchen nur!«

Dein Bräutigam war prosaisch.
Demselben hat gefehlt,
dieweilen er mosaisch,
ein kleines Viertelchen,
ein kleines Achtelchen . . .
das hätt dich sehr gequält!

Du hast mir nichts gegeben
und sahst mich prüfend an.
Das, was du brauchst im Leben,
sei nicht ein Viertelchen,
und nicht ein Achtelchen . . .
das sei ein ganzer Mann –!

Mich hat das tief betroffen.
Dein Blick hat mich gefragt . . .
Ich ließ die Frage offen
und habe nichts gesagt.
Dass wir uns nicht besaßen!
So aalglatt war mein Kinn.
Nun irr ich durch die Straßen . . .
Malwine –!
und weine vor mich hin.

BALLADE

Da sprach der Landrat unter Stöhnen:
»Könnten Sie sich an meinen Körper gewöhnen?«
Und es sagte ihm Frau Kaludrigkeit:
»Vielleicht. Vielleicht.
Mit der Zeit ... mit der Zeit ... «
Und der Landrat begann allnächtlich im Schlafe
laut zu sprechen und wurde ihr Schklafe
und er war ihr hörig und sah alle Zeit
Frau Kaludrigkeit – Frau Kaludrigkeit!

Und obgleich der Landrat zum Zentrum gehörte,
war's eine Schande, wie dass er röhrte;
er schlich der Kaludrigkeit ums Haus ...
Die hieß so – und sah ganz anders aus:
Ihre Mutter hatte es einst in Brasilien
mit einem Herrn der bessern Familien.
Sie war ein Halbblut, ein Viertelblut:
nussbraun, kreolisch; es stand ihr sehr gut.
Und der Landrat balzte: Wann ist es soweit?
Frau Kaludrigkeit – Frau Kaludrigkeit!

Und eines Abends im Monat September
war das Halbblut müde von seinem Gebember
und zog sich aus. Und sagte: »Ich bin ... «
und legte sich herrlich nussbraun hin.
Der Landrat dachte, ihn träfe der Schlag!
Unvorbereitet fand ihn der Tag.
Nie hätt er gehofft, es noch zu erreichen.
Und er ging hin und tat desgleichen.

Pause

Sie lag auf den Armen und atmete kaum.
Ihr Pyjama flammte, ein bunter Traum.
Er glaubte, ihren Herzschlag zu spüren.
Er wagte sie nicht mehr zu berühren . . .
Er sann, der Landrat. Was war das, soeben?
Sie hatte ihm alles und nichts gegeben.
Und obgleich der Landrat vom Zentrum war,
wurde ihm plötzlich eines klar:
Er war nicht der Mann für dieses Wesen.
Sie war ein Buch. Er könnt es nicht lesen.
Was dann zwischen Liebenden vor sich geht,
ist eine leere Formalität.

Und so lernte der Mann in Minutenfrist,
dass nicht jede Erfüllung Erfüllung ist.
Und belästigte nie mehr seit dieser Zeit
die schöne Frau Inez Kaludrigkeit.

Danach

Es wird nach einem happy end
im Film jewöhnlich abjeblendt.
Man sieht bloß noch in ihre Lippen
den Helden seinen Schnurrbart stippen –
da hat sie nu den Schentelmen.
Na, un denn –?

Denn jehn die beeden brav ins Bett.
Na ja . . . diss is ja auch janz nett.
A manchmal möcht man doch jern wissn:
Wat tun se, wenn se sich nich kissn?
Die könn ja doch nich imma penn . . . !
Na, un denn –?

Denn säuselt im Kamin der Wind.
Denn kricht det junge Paar 'n Kind.
Denn kocht sie Milch. Die Milch looft üba.
Denn macht er Krach. Denn weent sie drüba.
Denn wolln sich beede jänzlich trenn . . .
Na, un denn –?

Denn is det Kind nich uffn Damm.
Denn bleihm die beeden doch zesamm.
Denn quäln se sich noch manche Jahre.
Er will noch wat mit blonde Haare:
vorn doof und hinten minorenn . . .
Na, un denn –?

Denn sind se alt.
Der Sohn haut ab.
Der Olle macht nu ooch bald schlapp.
Vajessen Kuss und Schnurrbartzeit –
Ach, Menschenskind, wie liecht det weit!
Wie der noch scharf uff Muttern war,
det is schon beinah nich mehr wahr!
Der olle Mann denkt so zurück:
wat hat er nu von seinen Jlück?
Die Ehe war zum jrößten Teile
vabrühte Milch un Langeweile.
Und darum wird beim happy end
im Film jewöhnlich abjeblendt.

NUR

Dies singt eine Dame im Dreivierteltakt

Manchmal auf Bällen und Festen
tritt in den Saal ein freundlicher Mann,
an Geist und Kultur von den Besten . . .
und macht sich an die Frauen heran.
Doch schon nach wenigen Minuten
ist alles zersprungen wie Glas –
Von Geist keine Spur,
nichts mehr von Kultur:
Nur – nur – das.

Berühmtheit ist ja kein Einwand
gegen Männer, die in den Filmen stehn.
Ich lüpfte neulich die Leinwand,
ich wollt mal einen näher sehn.
Ach, war das eine Enttäuschung!
Ich bekam einen kältenden Hass –
Von Herz keine Spur,
eine Karikatur . . .
Und
nur – nur – das.

Ich nahm den Tee und den Kuchen
in Berlin und Frohnau und mal hier und mal dort.
Nun, dacht ich, willst mal versuchen
eine Freundschaft mit einem Herrn vom Sport.
Der bricht das eigne Training –
auf wen ist denn heut noch Verlass . . . ?
Von Hirn keine Spur,
eine hübsche Figur –
aber sonst
nur – nur – das.

Wie kann man Frauen so verkennen?
Mein Gott, sie sind ja gar nicht so!
Gewiss, es will jede entbrennen . . .
aber doch nicht stets und irgendwo!
Auf Harfen kann jedermann klimpern,
es fragt sich nur: Wer spielt – und was . . .
Und spielt er dann nur nach unsrer Natur –:
Dann gern
auch das.

Der Philosoph – „Quatsch nich, du hättest müssen mehr Nietzsche lesen."

Der Priem

Alle Rechte vorbehalten
Unter vielem Spucken zu singen
Es haben die Matrosen
wohl auf dem blauen Meer
nicht nur die weiten Hosen –
sie haben noch viel mehr.
Denn gibt es nichts zu rauchen,
weißt du, was sie da brauchen
bei Nacht und auch bei Tag?
Den Kautabak – den Kautabak –
ein kleines Stückchen Kautabak
von der Firma Eckenbrecht
aus Kiel.

Es heulen die Sirenen.
Die Braut in Tränen schwimmt.
Es schwimmt die Braut in Tränen,
wenn der Seemann Abschied nimmt.
Sie drücken sich die Hände;
dann gibt sie ihm am Ende
verschämt ein kleines Pack
mit Kautabak – mit Kautabak –
mit nem halben Pfündchen Kautabak
von der Firma Eckenbrecht
aus Kiel.

Da hinten liegt sein Kutter,
da hinten liegt sein Kahn.
Sie sagt, sie fühlt sich Mutter,
er sieht sie blöde an.
Er lässt sich von ihr kosen,
die Hände in den Hosen,
dann nimmt er einen Schlag
vom Kautabak – vom Kautabak –
ein kleines Stückchen Kautabak
von der Firma Eckenbrecht
aus Kiel.

Das Schiff fährt in den Hafen
wohl in Batavia.
Mit den Mädchen muss man schlafen,
wozu sind sie sonst da!
Die er geliebkost hatte,
liegt nackt auf einer Matte;
er holt aus seinem Pack
den Kautabak – den Kautabak –
ein kleines Stückchen Kautabak
von der Firma Eckenbrecht
aus Kiel.

Das Schiff tät nicht versaufen,
in Hamburg legt es an.
Marie musst sich verkaufen
nachts auf der Reeperbahn.
Nun spürt der arme Junge
grad unter seiner Zunge
den bitteren Geschmack
vom Kautabak – vom Kautabak –
vom kleinen Stückchen Kautabak
von der Firma Eckenbrecht
aus Kiel.

Wie dem Seemann mit den Frauen,
uns geht's genau wie ihm.
Das Leben muss man kauen,
das Dasein ist ein Priem.
Es schmeckt dem Knecht und Ritter
mal süß und auch mal bitter . . .
Spuck ihn aus, wer ihn nicht mag!
Den Kautabak – den Kautabak –
das kleine Stückchen Kautabak
von der Firma Eckenbrecht
aus Kiel!

Eine kleine Geburt

Ich lebte mit Frau Sobernheimer;
sie war so lieb, sie war so nett.
Wir wuschen uns im selben Eimer,
wir schliefen in demselben Bett.
So trieben wir es manches Jahr ...
Bis sie den Knaben mir gebar.

Doch dieser Knabe war kein Knabe.
Wir hatten in der dunklen Nacht
als Zeitvertreib und Liebesgabe
uns dieses Wesen ausgedacht.
Frau S. war jeden Kindes bar.
Der Knabe, der hieß Waldemar.

Und war so klug! – Nach fünfzehn Tagen,
gelebt im Kinderparadies,
da konnte er schon Scheibe sagen,
bis man ihm solches leicht verwies.
Er setzte sich aufs Tintenfass
und machte meinen Schreibtisch nass.

Er wuchs heran, der Eltern Freude,
ein braves, aufgewecktes Kind.
Wir merkten an ihm alle beude,
wie süß der Liebe Früchte sind.
Da fragte Mutti ganz real:
»Was wird der Junge denn nun mal –?«

Hebamme? General? Direktor?
Bootlegger? Hirt? Ein Schiffsbarbier?
Verlorner Mädchenheim-Inspektor?
Biographist? Gerichtsvollziehr?
Ein Freudenmännchen? Jubilar –?
Uneinig war das Elternpaar.

Ein Krach stieg auf, bis zu den Sternen!
Frau S., die krisch. Die Türe knallt.
Sie wollt ihn lassen Bildung lernen,
ich aber war für Staatsanwalt.
Ein Kompromiss nahm sie nicht an:
im Kino, als Bedürfnismann.

Der Lümmel grölte in der Küche
und fand den Krach ganz wunderbar.
So ging die Liebe in die Brüche –
und alles wegen Waldemar?
Da sprach ich fest: »Mein trautes Glück!
Wir geben dieses Jör zurück!«

Gemacht.
Nun ist Frau Sobernheimer
wie ehedem so lieb und nett.
Wir waschen uns im selben Eimer,
wir schlafen in demselben Bett.
Und denken nur noch hier und dar
mal an den seligen Waldemar.

Der Mitesser

Denen, die sich nicht getroffen fühlen

Er wohnt am Rand der reichen Leute,
verkehrt mit Adel und heißt Schmidt.
Den Schlips von morgen trägt er heute
und fährt in fremden Autos mit.
Er lebt in einem ihm fremden Stile –
Fauler Kopp!
Fauler Snob!
Aber davon gibt's viele.

Er selbst hat nur ein kleines Zimmer,
als Untermieter bei Frau Schay.
Doch geht er aus, dann tut er immer,
als wär er aufgewachsen bei.
Von der Socke bis zum gescheitelten Haar:
es ist alles nicht wahr – es ist alles nicht wahr!

Er ist so gerne eingeladen:
er zeckt an Kaufmann und Bankier.
Er weiß, am Lido muss man baden,
er grüßt im Ritz den Herrn Portier.
Er nassauert elegant und beflissen
vor fremden Kulissen.

Was er auch hat, das hat er gratis.
Er läuft mit der Society.
Er kennt die feinsten Cocktail-Parties.
Nur seine Lage kennt er nie.
Bald kunstgewerblicher Friseur,
bald Redakteur . . .
so sehn wir ihn gestern, morgen und heute:
ein Affe.
Ein Affe der reichen Leute.

Eine Frage

Da stehn die Werkmeister – Mann für Mann.
Der Direktor spricht und sieht sie an:
»Was heißt hier Gewerkschaft! Was heißt hier Beschwerden!
Es muss viel mehr gearbeitet werden!
Produktionssteigerung! Dass die Räder sich drehn!«
Eine einzige kleine Frage:
Für wen?

Ihr sagt: die Maschinen müssen laufen.
Wer soll sich eure Waren denn kaufen?
Eure Angestellten? Denen habt ihr bis jetzt
das Gehalt, wo ihr konntet, heruntergesetzt.
Und die Waren sind im Süden und Norden
deshalb auch nicht billiger geworden.
Und immer noch sollen die Räder sich drehn...
Für wen?

Für wen die Plakate und die Reklamen?
Für wen die Autos und Bilderrahmen?
Für wen die Krawatten? die gläsernen Schalen?
Eure Arbeiter können das nicht bezahlen.
Etwa die der andern? Für solche Fälle
habt ihr doch eure Trusts und Kartelle!
Ihr sagt: die Wirtschaft müsse bestehn.
Eine schöne Wirtschaft!
Für wen? Für wen?

Das laufende Band, das sich weiterschiebt,
liefert Waren für Kunden, die es nicht gibt.
Ihr habt durch Entlassung und Lohnabzug sacht
eure eigne Kundschaft kaputt gemacht.
Denn Deutschland besteht – Millionäre sind selten –
aus Arbeitern und aus Angestellten!
Und eure Bilanz zeigt mit einem Male
einen Saldo mortale.
Während Millionen stempeln gehn.
Die wissen, für wen.

Herz mit einem Sprung

Im Gesicht und auch in Sachsen,
wo die Meise piepst,
lass ich den Bart mir wachsen,
weil du mich nicht mehr liebst.
Susala und dusala –
weil du mich nicht mehr liebst.

Wir waren beide einsam;
auch ich als Woll-Agent.
Die Herzen waren gemeinsam,
die Kassen waren getrennt.
Susala und dusala –
Da bin ich konsequent.

Du sagst, du wärst im Training
wohl für ein Fecht-Turnier.
Du aßest gar nicht wening
und hatt'st nie Geld bei dir . . .
Susala und dusala –
Man ist ja Kavalier.

Du aßest frisch und munter
nicht ohne jeden Charme
die Karte rauf und runter,
die Küche kalt und warm.
Susala und dusala –
dem Kellner schmerzt der Arm.

Ich fand das übertrieben
und sah dich zornig an.
Ein Mann will gratis lieben,
sonst ist er gar kein Mann!

Ich kann dich nicht vergessen.
Noch heut könnt ich dich maln.
Du hast zuviel gegessen . . .
Wer kann denn das bezahln!
Susala und dusala –
Wer kann denn das bezahln!

Ums Kinn starrn mir die Stoppeln.
Mein Vollbart ist noch jung.
So fahr ich nun nach Oppeln
zu ner Versteigerung . . .
Doch mein Herz,
doch mein Herz,
doch mein Herz
hat einen Sprung –!

„- *und komm gesund wieder – und steig nich in Hamburg aus,
Aloys! Du weißt, da sind solche böse Häuser -*"
„*Aber, Klärchen, die sind längst abgeschafft, bloß Altona hat se noch.*"

Gestossener Seufzer

Kreuzt mir die Lustjacht in der Badewanne?
Knirscht mir das Auto auf dem gelben Kies?
Bräunt mir das Rossbüff in der Kupferpfanne?
Blitzt mir am Hemd der Diamant-Türkis?
Hin hauch ich einen Seufzer des Verzichts:
ich bring's zu nichts.

Ich weiß nicht, was das ist und wie ich's treibe ...
Ich spare manchen vordatierten Scheck.
Und dann naht Lottchen mit dem Lotterleibe,
und dann ist alles wieder weg.
Infolge ihres Liebesunterrichts ...
Ich bring's zu nichts.

Die andern häufen so Vermögen auf Vermögen.
Die andern wandeln durch das Goldportal.
Ich aber kann mir nichts nach hinten legen;
ich hab noch nie – und möchte auch einmal.
Der Reichtum ist der Lohn des Bösewichts.
Ich bring's zu nichts.

So lern doch endlich von den andern Knaben
die einzig brauchbare Philosophie:
Es g'nügt nicht nur, Verhältnisse zu haben –
sie leben alle über sie.
Trink aus der Nachbarin Champagnerglas!
Bleib schuldig Miete, Liebe, Arzt und Gas!
Bezahl den Apfel – friss die Ananas!
Wer also handelt, bringts zu was.

SAUFLIED, GANZ ALLEIN

Manchmal denke ich an dich,
das bekommt mich aber nich,
denn am nächsten Tag bin ich so müde.
Du mein holdes Glasgespinst!
Ob du dich auf mich besinnst?
Morgens warst du immer etwas prüde.
Darum trink ich auf dein Wohl
dieses Gläschen Alkohol!
Braun und blond – rot und schwarz –
Ihr sollt leben!

Deine Augen sind so blau
ganz genau wie bei der Frau
Erna Margot Glyn-Kaliski.
Rheinwein ist nicht stark genug,
darum nehm ich einen Schluck
von dem guten, gelben Whisky.
Und ich trinke auf dein Wohl
dieses Fläschchen Alikol –
Braun und Blond – Black and White . . .
Ihr sollt leben!

Tinte, Rotwein und Odol
sind drei Flüssigkeiten wohl –
davon kann der Mensch schon leben.
So schön kannst du gar nicht sein,
wie in meinen Träumerein –
so viel kannst du gar nicht geben.
Allerschönste Frauenzier,
ach, wie gut, dass du nicht hier!
Oh, wie gerne man doch küsst,
wenn die Frau wo anders ist . . . !
Und darum trink ich auf dein Wohl!
Nun ade, mein Land Tirol!
Lebe wohl! Nur in den kleinen Räuschen
lebe wohl, kann die Frau uns nicht enttäuschen!
Lebe wohl! Lebe wohl!
Lebe wohl, mein Land Tirol –!

Das Lied von der Gleichgültigkeit

Eine Hur steht unter der Laterne,
des abends um halb neun.
Und sie sieht am Himmel Mond und Sterne –
was kann denn da schon sein?
Sie wartet auf die Kunden,
sie wartet auf den Mann,
und hat sie den gefunden,
fängt das Theater an.
Ja, glauben Sie, dass das sie überrasche?
Und sie wackelt mit der Tasche – mit der Tasche,
mit der Tasche,
mit der Tasche –
Na, womit denn sonst.

Und es gehen mit der Frau Studenten,
und auch Herr Zahnarzt Schmidt.
Redakteure, Superintendenten,
die nimmt sie alle mit.
Der eine will die Rute,
der andre will sie bleun.
Sie steht auf die Minute
an der Ecke um halb neun.
Und sie klebt am Strumpf mit Spucke eine Masche ...
und sie wackelt mit der Tasche – mit der Tasche,
mit der Tasche,
mit der Tasche –
Na, womit denn sonst.

Und es ziehn mit Fahnen und Standarten
viel Trupps die Straßen lang.
Und sie singen Lieder aller Arten
in dröhnendem Gesang.

Da kommen sie mit Musike,
sie sieht sich das so an.
Von wegen Politike ...
sie weiß doch: Mann ist Mann.
Und sie sagt: »Ach, lasst mich doch in Ruhe –«
und sie wackelt mit der Tasche – mit der Tasche –
mit der Tasche –
mit der Tasche ...
Und sie tut strichen gehn.
Diese Gleichgültigkeit,
diese Gleichgültigkeit –
die kann man schließlich verstehn.

Feierabend
Ach Irma, Irma, Irma, dich liebt die janze Firma.

Sie, zu ihm

Ich hab dir alles hingegeben:
mich, meine Seele, Zeit und Geld.
Du bist ein Mann – du bist mein Leben,
du meine kleine Unterwelt.

Doch habe ich mein Glück gefunden,
seh ich dir manchmal ins Gesicht:
Ich kenn dich in so vielen Stunden –
nein, zärtlich bist du nicht.

Du küsst recht gut. Auf manche Weise
zeigst du mir, was das ist: Genuss.
Du hörst gern Klatsch. Du sagst mir leise,
wann ich die Lippen nachziehn muss.

Du bleibst sogar vor andern Frauen
in gut gespieltem Gleichgewicht;
man kann dir manchmal sogar trauen . . .
aber zärtlich bist du nicht.

O wärst du zärtlich!
Meinetwegen
kannst du sogar gefühlvoll sein.
Mensch, wie ein warmer Frühlingsregen
so hüllte Zärtlichkeit mich ein!

Wärst du der Weiche von uns beiden,
wärst du der Dumme. Bube sticht.
Denn wer mehr liebt, der muss mehr leiden.
Nein, zärtlich bist du nicht.

Na also –!

Der alte Kahl, ordensbesternt,
Geheimrat und so, hat umgelernt.
Er hat einen ganzen Hinrichtungsakt
gesehn – der Kopf wurde abgehackt.
Und Geheimrat Kahl schrieb juristisch und kühl:
»Das ist gut für das Gerechtigkeitsgefühl.
Allemal.«
(gez.) Kahl

Dann hat der Mann an Einsicht gewonnen,
hat nachgedacht und sich besonnen.
Und er sprach und schrieb, wo es auch sei:
eine Hinrichtung ist eine Barbarei.
Ein zweiter Mord. Zu gar nichts nütze.
Justiz gedeiht nicht in blutiger Pfütze.
Ein braver Mann sprach im Reichstagssaal.
Kahl.

Darauf haben die Nazis ihn angegriffen.
Darauf haben die Stammtische auf ihn gepfiffen.
Und jetzt auf einmal, ein neuer Ton
ertönt in der Reichstagskommission:
»Wir brauchen die Todesstrafe, zur Zeit!
Insonderheit im politischen Streit!
Humanität in allen Ehren –
wir können den Hackklotz nicht entbehren.«
(Wir verurteilen bekanntlich nach dieser Methode
alle Nazi-Mörder zum Tode.)
»Heraus mit dem Beil!. Die Waage bleibt drin.
Richtet sie nicht! Richtet sie hin!«
Na also –! Da hat in bewegten Stunden
ein deutscher Professor heimgefunden.
Christus säte. Es wuchs nicht viel.
Rode aus die Pflänzchen mit Stumpf und Stiel!
Das christliche Feld bleibt allemal
kahl.

Europa

Am Rhein, da wächst ein süffiger Wein –
der darf aber nicht nach England hinein –
Buy British!
In Wien gibt es herrliche Torten und Kuchen,
die haben in Schweden nichts zu suchen –
Köp svenska varor!
In Italien verfaulen die Apfelsinen –
lasst die deutsche Landwirtschaft verdienen!
Deutsche, kauft deutsche Zitronen!
Und auf jedem Quadratkilometer Raum
träumt einer seinen völkischen Traum,
und leise flüstert der Wind durch die Bäume . . .
Räume sind Schäume.

Da liegt Europa. Wie sieht es aus?
Wie ein bunt angestrichnes Irrenhaus.
Die Nationen schuften auf Rekord:
Export! Export!
Die andern! Die andern sollen kaufen!
Die andern sollen die Weine saufen!
Die andern sollen die Schiffe heuern!
Die andern sollen die Kohlen verfeuern!
Wir?
Zollhaus, Grenzpfahl und Einfuhrschein:
wir lassen nicht das geringste herein.
Wir nicht. Wir haben ein Ideal:
Wir hungern. Aber streng national.
Fahnen und Hymnen an allen Ecken.
Europa? Europa soll doch verrecken!
Und wenn alles der Pleite entgegentreibt:
dass nur die Nation erhalten bleibt!

Menschen braucht es nicht mehr zu geben.
England! Polen! Italien muss leben!
Der Staat frisst uns auf. Ein Gespenst. Ein Begriff.
Der Staat, das ist ein Ding mit'm Pfiff.
Das Ding ragt auf bis zu den Sternen –
von dem kann noch die Kirche was lernen.
Jeder soll kaufen. Niemand kann kaufen.
Es rauchen die völkischen Scheiterhaufen.
Es lodern die völkischen Opferfeuer:
Der Sinn des Lebens ist die Steuer!
Der Himmel sei unser Konkursverwalter!
Die Neuzeit tanzt als Mittelalter.

Die Nation ist das achte Sakrament –!
Gott segne diesen Kontinent.

Der Zerstreute

Mein Blinddarm, der ruht in Palmnicken;
ein Backenzahn und überdies
ein Milchzahn liegen in Saarbrücken.
Die Mandeln ruhen in Paris.

So streu ich mich trotz hohen Zöllen
weit durch Europa hin durchs Land.
Auch hat die Klinik in Neukölln
noch etwas Nasenscheidewand.

Ein guter Arzt will operieren.
Es freut ihn, und es bringt auch Geld.
Viel ist nicht mehr zu amputieren.
Ich bin zu gut für diese Welt.

Was soll ich armes Luder machen,
wenn die Posaune blasen mag?
Wie tret ich an mit meinen sieben Sachen
am heiligen Auferstehungstag?

Der liebe Gott macht nicht viel Federlesen.
»Herr Tiger!« ruft er. »Komm hervor!
Wie siehst du aus, lädiertes Wesen?
Und wo – wo hast du den Humor?«

»Ich las« – sag ich dann ohne Bangen –
»einst den Etat der deutschen Generalität.
Da ist mir der Humor vergangen.«
Und Gott versteht.
Und Gott versteht.

Inhalt

1911
Blumentag 5

1912
Rotundenzensur in Königsberg 6
Streikjustiz 7

1913
Sexuelle Aufklärung 8
Saisonbeschluss 9
Kritik 10
Kino 11
Auftakt 12
Parkett 13
Die Musik kommt 14
Schöner Herbst 15

1914
Berliner Fasching 16
Vorfrühling 17
Nicht! noch nicht! 18
Der Lenz ist da! 19
Fröhliche Ostern 20
Bund der Landwirte 21
Home, sweet home 22
An die Meinige 23
Die Kronprinzenbühne 24
Deutscher Abend 25
Kleines Gespräch mit
unerwartetem Ausgang 26

1916
An eine Marie vom Lande 27
Der alte Pojaz spricht 28
Wetterhäuschen 29
Selbstbesinnung 30

1917
Auf Urlaub 31
An einen garnisondienstfähigen Dichter 32

1918
Kümmernis 33
Die arme Frau 34

Namensänderung 35
Bruch 36
Im Käfig 37
Revue 38

1919
Sehnsucht nach der Sehnsucht 39
Versunkenes Träumen 40
Verfehlte Nacht 41
Gute Nacht! 42
An ihren Papa 43
Kino-Atelier 44
Persisch 45
Saisonbeginn 46
Körperkultur 47
Spaziergänge eines Berliners 48
Mit dem Weininger 49
Die Schweigende 50
Klagelied eines Einsamen 51
Silvester 52
Schwere Zeit 53
Missachtung der Liebe 54

1920
Sorrent 55
Abschied von der Junggesellenzeit 56
Mikrokosmos 57
Löwenliebe 58
Auf ein Kind 59
Wider die Liebe 60
Marke: Essig 61
Die Dame mit 'n Avec 62
Silvester 64
1921 Meeting 65
Berliner Liebe 66
Schicksalslied 68
Abschiedsgesang 69
An ihr 70

1922
Blick in die Zukunft 71
An die Berlinerin 72
Letzte Fahrt 74
Schaufenstermoral 76

Auf ein Frollein. 77
Die Mühle 78

1923
An einen Bonzen 80
Deutsches Lied 81

1924
Jener 82
Der Geschlechtslose 84
Meditation 85
Figurinen. 86
Park Monceau. 88
Luftveränderung 89
Mal singen, Leute –! 90

1925
Frauen von Freunden 92
Ruhe und Ordnung. 93
Gefühle 94
Zweifel. 96

1926
Der schlimmste Feind 97
Chanson 98
Altes Volkslied 100

1927
Das Ideal 102
Lied der Kupplerin 104
Subkutan. 106
Berliner Bälle 108
Pfeifen anrauchen 110
Illustrierte Welt. 112
Der Pfau 113

1928
Träumerei auf einem Havelsee 114
Liebespaar am Fenster. 116
Nebenan 118
Ehekrach 120
Sonntagsmorgen, im Bett 122
Das Lächeln der Mona Lisa 124
Sie schläft 125

Das Weltwort 126
Wenn die Igel in der Abendstunde . . . 128

1929
Lied fürs Grammophon. 130
Chanson für eine Frankfurterin 131
Die Kinderstube 132
Mutterns Hände 134
Lehrgedicht 135
Ideal und Wirklichkeit 136
Diskretion 137
In aller Eile 138
Ein nachdenklicher Zuschauer. 140
Der verrutschte Hut 141
Berolina . . . Claire Waldoff 142

1930
Augen in der Großstadt 143
Kleines Operettenlied. 144
Frage 146
Der andre Mann 147
Theorie der Leidenschaft Berlin N 54 . 148
Aufgewachsen bei 149
Stationen. 150
Malwine 151
Ballade. 152
Danach 154
Nur 156

1931
Der Priem 158
Eine kleine Geburt 160
Der Mitesser 162
Eine Frage 163
Herz mit einem Sprung. 164
Gestoßener Seufzer 166
Sauflied, ganz allein 167

1932
Das Lied von der Gleichgültigkeit 168
Sie, zu ihm. 170
Na also –! 171
Europa. 172
Der Zerstreute 174